Kontaktadresse nach EU-Produktsicherheitsverordnung:
produktsicherheit@fischerverlage.de

Was passiert, wenn Leute etwas zusammen machen? Was wäre das, was nur in der Gruppe gelingen kann? Und vor allem: »Wie geht vorbereiten?« In ihrem poetischen Essay »Ah, das Love-Ding!« erkundet Monika Rinck die Transiträume und changierenden Übergänge von Singular zu Plural. Nicht Sublimierung, Substitution oder Entzug gibt Monika Rinck den Protagonisten dieser »éducation sentimentale« dabei auf, sondern eine Einübung in die »Neuerziehung der Wünsche«. Gegen die Reduktion gebotener Komplexität, gegen »sentimentalisch-terroristisches Einsamkeitsfieber« und die Zermürbung aller Beteiligten formuliert sie eine heutige Form der romantischen Idee des unendlichen Gesprächs und verfolgt die Wendung zum Glückenden: auf etwas, auf den und die Anderen zu.

Monika Rinck, geboren 1969 in Zweibrücken, Studium der Religionswissenschaft, Geschichte und Vergleichenden Literaturwissenschaft, lebt als Autorin in Berlin. Sie veröffentlichte u. a. »Begriffsstudio 1996–2001«, »Ah, das Love-Ding!« (2006), »zum fernbleiben der umarmung« (2007), »Helm aus Phlox« (2011; gemeinsam mit Ann Cotten, Daniel Falb, Hendrik Jackson und Steffen Popp), »Honigprotokolle« (2012) und »Risiko und Idiotie« (2015). Für ihre literarischen Arbeiten wurde Monika Rinck u. a. mit dem Ernst-Meister-Preis 2008, dem Georg-K.-Glaser-Preis 2010, dem Kunstpreis Berlin, Literatur 2012, dem Peter-Huchel-Preis 2013, dem Kleist-Preis 2015 und dem Ernst-Jandl-Preis 2017 ausgezeichnet.

Weitere Informationen finden Sie auf www.fischerverlage.de

MONIKA RINCK

AH, DAS LOVE-DING!

EIN ESSAY

FISCHER Taschenbuch

2. Auflage
2024 S. Fischer Verlag GmbH,
Hedderichstr. 114, 60596 Frankfurt am Main

Lizenzausgabe mit freundlicher Genehmigung
von kookbooks, Berlin

Printed in Germany
ISBN 978-3-596-29897-6

ARBEIT IN GRUPPEN ■ ARBEIT AM GEFÜHL – Die Korrespondenz ■ ARBEIT AM KÖRPER ■ NIGHT-CLUBBING VERONIKA – *Am I Wrong To Hunger?* ■ Das träumerische Zwischengeschoss ■ AUF ETWAS ZU – *Make It A Good Story* ■ Wenn die Kutsche kippt ■ DAS GLATTE oder: Die Ausweitung des Monologs ■ Die apokalyptische Wiederauflage der Wünsche oder: Das Zombiekapitel ■ Suchtwirkungen ■ DIE ANDERE SEITE DAVON ■ DIE EIGENWELTLICHKEIT DER STÖRUNG ■ Wie es ist, wenn es aufhört: Das erste Kapitel über das Entrissensein ■ *MAKING OF* – Von einem Film geliebt zu werden ■ KUNSTRAUM BEGEHREN ■ Das Ablösen der Produkte ■ Parasiten am SURPLUS ■ Wie es ist, wenn es aufhört: Das zweite Kapitel über das Entrissensein ■ DIE PRAXIS DER VERGEBUNG ■ ETWAS HAT HUMOR ■ der REGEN, der REGEN ■ DAS GLÜCK !!! ■

Weil, sagt Veronika, Reue sinnlos ist, wenn die Dinge nicht anders hätten sein können. Deswegen.

Der Abend, an dem mir Veronika ein Loch in meine neue weiße Neoprenjacke gebrannt hat, das war der Abend über die Hermeneutik von Tränen im Studio für Pathosforschung, in der Staatsbank. Wenn Tränen, die von Schauspielern in Filmen geweint werden, unecht sind, und das wird kaum einer bezweifeln, was ist dann mit den Tränen, die das Publikum weint?

Ein Franzose, offenbar der Exfreund von irgendjemandem, sollte später auflegen, Musik so traurig wie möglich. Diese Teppiche (gab es welche?), wie aus Tristesse gewebt, ach, als es die Staatsbank noch gab, in ihrer ganzen stopfigen Majestät. Und ein paar Leute saßen in der Ecke und sahen den Tanzenden zu, Veronika erzählte diesen Witz, in dem es darum ging, dass eine Frage gestellt wird und dann immer viel zu früh *timing* geschrien. Frag mich mal, was das Wichtigste am Drama ist. *Timing.* Oder war es so: Die Antwort ist *timing*, gib sie mir mal, wenn ich diese Frage stelle. Ich weiß es nicht mehr genau, aber ich erinnere mich genau an Veronika, wie sie, leicht vorgebeugt, immer wieder anderen Leuten das Wort *timing* entgegenschrie. »*The experiment of time translates itself into language, and language translates itself into distance which translates itself into longing, which is the realization of time.*«[1]

Es gab Aufführungen, Durchführungen, Führungen. Die ganze Mühsal des Projektierten kam zur Anschauung, ebenso wie der euphorische Niederschlag des zusammen Gemachten. Dann konnte man bei elektronischer Musik auf dem Rücken liegen, auf Schaumstoffschiffchen, und verspürte den Raum plötzlich als Funktion von Linderung. Als ich kam, hatte mir alles wehgetan, als ich ging, war es besser, sagte der Freund von der Dings stellvertretend für uns alle. Die gewaltigen Tiefkühltruhen, die es dort gab. Und die schicken Wickelshirts der Kartenabreißerinnen. (Es gab keine Kartenabreißerinnen, eine musste immer alles machen.) Die Heizungen kannten nur ein oder aus, regulieren ließen sie sich nicht. Und der auf der Französischen Straße vorbeirauschende Verkehr machte das Öffnen der Fenster unmöglich.

Der französische DJ spielte zum wiederholten Mal: Du lässt dich gehen. Der Freund von der Dings tanzte mit einer besoffenen Schlampe und verschwand dann in einer der Kammern. Hey, sie spielen euer Lied. Am Ende flossen Tränen. Weswegen, weiß ich nicht mehr, aber Veronika hatte sich alles notiert und es am nächsten Morgen an alle Beteiligten verschickt.

Es war ein Glück, dass ich dort nie in die Kammern sah. Der Blick in die Kammern gebührte einer anderen Gruppe und ihren Satelliten. Ein projektiertes Wir. Aber ich habe andere Kammern gesehen: wo Vorräte warteten, wo immer irgendwelche überbliebenen Dinge dämmerten, drei Oktaven der Unbrauchbarkeit bespielend. Schraubensammlungen und falsche Ablagen, Kisten, Flaschen, Zeugs zum Drüberstolpern und zur sonstigen Verhinderung. Wenn Leute etwas zusammen machen, in Kontexten und mit oder ohne Kabel, füllen sich die Kammern wie von selbst. Ich weiß nicht, ob ich das noch mal werde machen können. Was denn? Das mit den Gruppen.

Wer hält mich denn im Plural – wer hält uns? Wer nimmt das auf sich? Wir. Wir nehmen das auf uns. Da fragt Veronika: Was soll das denn sein, Grammatik?

Der Plural suggeriert ein gemeinsames Interesse, ein Dazwischensein im Sinne des Worts. Ein Wir allein muss keine Gruppe sein. Das ist klar. Denn zu einer Gruppe gehört, dass es etwas Gemeinsames gibt. Eine Kultur (in der flächigsten Verwendung des Begriffs) oder, sagen wir: ein Anliegen, eine Glückserwartung. Vor zehn Jahren hätten wir vielleicht gesagt: Komm, wir lassen alles drin und nennen es den Metzgerclub, den Blumenladen, den Friseur oder Meiers schönen Fleischsalon. Orte sind wichtig. Die Gruppe ist daran gewöhnt, sich von Zeit zu Zeit an einem bestimmten Ort einzufinden und sich zu verhalten. Wir zählen also körperliche Präsenz hinzu. Das ist eben so ein Love-Ding, und Gruppen ohne Körper seien bestenfalls Netzwerke, sagt Veronika.

Eine Gruppe im emphatischen Sinn hört nicht auf und fängt nicht an. Sie ist da, ohne eigens zu beginnen. Aus dieser Anfangslosigkeit folgt, dass man niemals nachkommt. Einander zu versichern, wann genau man sich trifft und dass dann das Soziale beginnt, ist nur eine Ausflucht und der vielsagende Versuch, der eigenen Individualität eine künstliche Kontur zu geben. In der Tat hat die Gruppe immer schon angefangen. Die Gruppe läuft weiter im eigenen Kopf, bis hin zu den neuronal-okkulten Phasen, in denen die vielstimmige Tonspur der Gruppendebatte im Hobbykeller meines Bewusstseins meinen Schlaf bespielt, um vor mir wieder zu erwachen, obwohl sie nach mir zu Bett gegangen war.

Wenn man davon ausgeht, dass Gruppen Gründe und Ränder haben, dann haben sie die gleichermaßen innerlich und äußerlich. Von außen scheinen sie homogener zu sein als von innen, aber das ist ja bei den meisten Dingen so. Gleitende Identifikationen, interne Verballungen, Tendenzenbildung, osmotische Ressentiments, was immer, *you name it.*

Eine funktionierende Gruppe sollte die Mittel bereithalten, mit den Unzufriedenheiten umzugehen, die sie selbst hervorbringt. Das ist eine Frage der Balance. Wenn das gelingt, erweist sich die Gruppe als funktionierender *Container*, ein *Container* für die zu leistende Arbeit des Denkens im Sinne von W. R. Bion. Wenn ich die Gruppe als *Container* denke, die gedanklichen Abläufe darin wieder gemäß dieser Logik als *contained* denke – dann hätte ich es mit einem beweglichen Vollzug, einem System von Kammern zu tun, in denen etwas gehalten wird.

Gerät die Sache in eine produktive Bewegung, steht die Frage, was je eingeschlossen oder ausgeschlossen, immer wieder neu zur Verhandlung. Was wird vergessen, was behalten? Was ist zwischen wem? Wie ist es um das Verhältnis zwischen dem Denkenden und dem Gedanken bestellt? Daraus erwächst eine Spannung. Was passiert, wenn ich mich in den *Container* werfe, in dem ich selbst enthalten bin? Sowohl der Dogmatismus, der sich nicht mehr als entsprungen begreift, als auch der umgekehrte mystische Impuls, der auf restlose Vereinigung setzt, leugnen diese Spannung.

Das ist gleichsam ein Bild des psychischen Apparats[2], an dem nicht das Zurichtende am wirksamsten wird, sondern vielmehr die zärtliche Qualität des überaus Komplizierten. Der Gewinn des Weitersprechens rückt dann in die Nähe einer emotional gebundenen Deduktion mit einer dynamischen Beziehung zum Wachstum. Denn das Medium einer kommensalen, das heißt einer emphatisch-gegenseitigen Beziehung von *Container* und *contained* ist tolerierte Ungewissheit. Es geht um rezeptive Qualitäten und die so tröstliche wie beängstigende Annahme, die könnten in der Tat unendlich sein. Wie in einem unendlichen rekombinierbaren Text. So entstehen Hüllensysteme. So entstehen Liebeslauben, das Aneinander von Blättern, schattig, zur Nacht, und die summende Stille um uns her. Da wollen wir nun hindurchlaufen und uns fragen, was Gruppenbegehren und Ichbegehren miteinander zu schaffen haben. Veronika sagt, das sei kein unendlich rekombinierbarer Text gewesen, sondern letztlich eine Hängematte aus Gequatsche.

Wer spricht mit wem? Wäre das bereits die kleinstmögliche Gruppe, wenn ich mit meinem lyrischen Ich unterwegs bin, mit meinem Subjektivitätsdummy, mit meinem persönlichen *Container* für Metrik und Fleiß? Für die Verpflichtung, die man dem Angefangenen gegenüber hat, und für das Investieren all dieser Zeit in eine Sache, die zu persönlich ist, um nicht immer wieder von Angst durchbrochen zu werden. Etwa so, als ließe sich, gut protestantisch gedacht, das Böse einschüchtern durch Fleiß. Und das lyrische Ich hätte eine Zusatzausbildung als Dompteuse. *(Trying your best will keep evil away.)*

»Letztendlich gibt es die alte Tugend eines gut gemachten Hand-
13 werks *(craft well-exercised)* und seiner exemplarischen Kraft. An etwas arbeiten zu müssen, um darin besser zu werden, um sich diese Arbeit weiter zu erschweren und dann wieder an den Konsequenzen zu arbeiten – das bedeutet, begünstigt zu sein. Und es gibt eine moralische Verpflichtung, eine solche Gunst nicht zu vergeuden.«[3] Dazu gehört auch, sich nicht auf Positionen zu begeben, auf denen man nachhaltig vernichtet werden kann, sei es durch den Zeitfraß einer nicht richtigen Arbeit oder das sausende Gefälle einer sogenannten *amour fou*.

Nicht alleine sein. Und wir? Und wir, schrieb ich, als resignierter Trainer in der letzten Zeile, wir sind sicherlich verloren. Diese Sprechposition kannte viele Zeitgenossen, ja sie schien in einer gewissen Phase der lyrischen Produktion sogar die privilegierte gewesen zu sein, oder zumindest eine gern und gut gemachte. Wer ist denn dieses Wir? Wen schließt es ein, wen schließt es aus? Es geht um die Frage, warum das lyrische Ich derzeit vorzugsweise und vielerorts im Plural begegnet, wobei es sich auch dort um höchst unterschiedliche *Container* handelt. (Ein Hauptunterschied zwischen dem lyrischen Ich und den anderen ist im Übrigen, dass das lyrische Ich nicht auf den Stepper muss – da bin ich mit dem Überich ganz allein, in trauter Plauderei.)

Michel Serres macht in seinem schönen Buch *Der Parasit* darauf aufmerksam, dass der Übergang vom Ich zum Wir kein rein mathematischer Vorgang sei: »Das Wir ist kein aufsummiertes Ich, sondern etwas Neues, das durch Delegation des Ich, durch Konzessionen, Verzicht, Resignation des Ich entsteht. Das Wir ist weniger ein Ich-Ensemble als das Ensemble der Ensembles dieser Übertragungen.«[4]

Dem schließen sich weitere Unterscheidungen an. Das Gattungswir zum Beispiel handelt mit dem elementaren Tastsinn, mit dem wir in der Gattungshöhle wandelten, ach, schau, wie schön, die Fossilien, die Geostrate und die Dunkelheit unsres gemeinsamen Herkommens. Da, im irdischen Keller, stehen die Schulterblätter von Dinosauriern, aufgereiht wie Surfbretter. Es war das Gattungswir, um das Freud sich gekümmert hat. Das Gattungswir ist die Brücke, auf der Freud sich seine Notizen gemacht hat, nachdem die Urhorde an ihm vorbeigestürmt war.

Oder auch das Pathoswir: Wenn es um den Pathosgehalt geht, hat das Wir dem Ich sicherlich einiges voraus, da individuelles Pathos in der eigenen Wohnung wenig sinnvoll ist. Denn Pathos bestätigt und produziert Gemeinschaft, ethisch und ästhetisch. Das plurale Pathos nimmt Kontakt auf zu der verallgemeinerten und verallgemeinernden Frage nach dem eigenen Tod (der nie ganz der eigene ist, sondern immer auch die Sterblichkeit der Gattung mitmeint). Insofern ist das Wir per se ein pathetischerer Agent als das Ich, und das Pathoswir vielleicht nicht mehr als der rhetorische Anteil des Gattungswirs.

Oder geht es um das Ausflugswir? Um das Vollglück in der Idylle, um bestickte Unterwäsche – ein Traum von Draußensein und *rêverie*; etwas, das leicht ist, weil es nicht notwendig ist. Eine Schmucknaht bestickt die Landschaft, und wir folgen ihrer grünen Schwingung, unter dem hochgereckten Blick des fluchtbereiten Rotwilds. Fragil. Gehobene Stimmung, kühle Ferne, die sich ins Violette neigt, »wo die Wünsche sich erfüllen, ohne das Herz weder zu leeren noch zu sprengen«. Dazu gehören einige, aber nicht viele, »so dass nur ein umzäuntes Gartenleben für die Idyllen-Seligen passe, die sich aus dem Buche der Seligen ein Blatt gerissen«[5]. Was aber machen wir mit dieser Putzigkeit, von der bekannt ist, dass sie nicht von Dauer ist – dieses herausgelöste Blatt, von der Sonne gewellt.

Das ist nicht zuletzt ein Problem der Darstellung, wie Jean Paul weiß: »Freilich ermüdet die Augen leicht die Darstellung des Glücks, aber nur darum, weil es bald zu wachsen nachlässt. Die vorgedichteten Schmerzen hingegen unterhalten lange, weil der Dichter, wie leider das Schicksal, sie lange steigern kann, die Freude hat nicht viele Stufen, nur der Schmerz so viele … und die Nemesis lässt uns bei großem Glücke weit näher und lebendiger das Unglück in ihren großen Spiegeln erscheinen als bei großem Unglück zukünftiges Glück.«[6] Zudem hat sich gezeigt, dass ein Leser oder Filmzuschauer viel eher willens ist, eine überraschende Wendung zum Schlechteren für realistisch zu halten als eine nicht weniger überraschende Wendung zum Besseren: *idiot plot*.

Dann hätten wir da noch das Wir, das den Leser führt. Das rhetorische Wir, das darauf hinweist, dass hier argumentiert wird. Das Wir, das konsekutiv ist, das Mithinwir. Mit einer gemeinsamen Erkenntnis an der pulsierenden Hand gehen wir durch die dunkle Stadt. Und da, wo es vielleicht das Lüftchen der illegitimen Mitnahme umtreibt, bietet es dem werten Gast zumindest einen Stuhl an, und es soll keiner sagen, das sei kein einnehmender Zug. Das Wir, das im Plural spricht, gibt auch den Hinweis darauf, dass der Text nicht nur von einer Stimme lebt, sondern von vielen, und dass die Summe der Erfahrung nicht von der Summe der Begegnungen zu unterscheiden ist. Und das sind die Notizen, die ich auf dem Weg dorthin gemacht habe.

Familiäres und musikalisches Wir will ich nur kurz streifen. Das familiäre Wir entgeht bekanntermaßen dem Schiffbruch und kennt sich richtig gut mit bewimpelten Flößen aus, das musikalische zieht meine Sehnsucht auf sich. Definitiv Band, oh, bitte, bitte, eine Band sein wollen. Oder auch ein Ensemble.

Zwei zum Beispiel sind keine Gruppe. Und am Rande bemerkt: Bei den therapeutischen Dispositiven, die man sich angewöhnt hat als Individualpsychologie zu bezeichnen, handelt es sich eigentlich, spätestens nach Eintreten der Übertragungsdynamik, um eine Form der Paarpsychologie. Da greift eines ins andere. Nun ist die Gesellschaft allerdings nicht ausschließlich in Paaren organisiert. Darüber sollte man sich im Klaren sein. Gegenüber dem *délire à deux* ist die kleinstmögliche Einheit einer Gruppe die Dreizahl. Jedoch scheint der Realitätsgehalt, der durch Dritte verbürgt werden soll, nicht immer eine gesicherte Größe zu sein.

Veronika behauptet, genau genommen sei man eh immer zu dritt, auch wenn man zu zweit sei: Ihr seid alle den Zeugen gewidmet. Da könne man die Tür von der Kammer, in die man jemanden hinter sich herzieht, noch so sehr verbarrikadieren, da könne man das Handy in den Pool werfen, die Zeitung ababonnieren und die Kabel aus der Wand reißen. Es helfe nichts. Das hätte man ja auch an dem Franzosen und seinem Schlämpchen gesehen. Aber deswegen waren die ja noch keine Gruppe, gebe ich zu bedenken, und Veronika muss mir ausnahmsweise Recht geben.

Denn die Gruppen, von denen ich spreche, sind kleinteilig und sensibel, sie reagieren auf minimale Verschiebungen. Sehr kleine Einheiten sind das, im Sand wie in der Schrift verschüttet. Und sie verfügen über E-Mail-Verteiler – und wissen sie zu nutzen, merkt Veronika sehr richtig an. Ach, dass man immer, immer alleine ist, wenn das alles eintrifft.

16 Im Wunsch, sich anderen zu zeigen, schwingt der Wunsch mit, ver-
17 wickelt zu werden – und Nichtmögen ist auch eine Bindung oder, anders gesagt: *addiction and aversion* sind im Grunde dasselbe. Es zeigt sich darin vielleicht die Präferenz, sich lieber in einem Geflecht von vielfältig verknüpften Personen aufzuhalten als in einer Paarlandschaft, »wo die Liebsten / nah wohnen, ermattend auf / Getrenntesten Bergen«. Das sei nämlich überhaupt ein grundlegender Unterschied zwischen Leuten, sagt Veronika. Manche verstummen, sobald sie zu zweit am Tisch zurückbleiben, und die anderen fangen erst dann an zu sprechen.

»Wer garantiert denn, dass das Wir dieselben Attribute, dieselben Fähigkeiten hat wie das Ich? Dass es denkt, intelligent ist und einen Willen hat? Warum nicht auch Lust, Verlangen oder Sexualität? Wir haben hinsichtlich des Kollektivs denselben Irrtum begangen wie hinsichtlich des Gottes, wir haben ihn nach dem Bilde des Ich geschaffen. … Nein, wir wissen vom Wir nur so viel, wie wir vom Ich, vom Körper und der Seele wissen. In summa wissen wir gar nichts, und wiederum ist das Kollektiv dunkel und macht Lärm.«[7]

Veronika sagt: Ja, es ist dunkel und lärmend, und an sich sei es ihr egal, ob Gruppen *sexy* seien oder nicht, aber man könnte sich das schon mal fragen. Ideale Gruppen ermöglichten libidinöse *shifts*, Ausrutscher? Nein, Verschiebungen. So was wie mit Skiern eine verschneite Treppe runter und das Geländer gerade so zu verfehlen. Ein aufgeblättertes Begehren (liegt doch alles offen da) – perfekt bezeugt, weil immer schon besprochen. (Was, was, was, ein Begehren, in dem alle blättern dürfen? Und irgendjemand hätte darin schon Anstreichungen gemacht, und das auch noch mit Kulli!)

Stetige Gruppenstrukturen, so will es zumindest das Ideal, ermöglichen die regelmäßige Justierung einer *fixation*, deren Spannung sich weniger autoritär gibt, wenn sie kaleidoskopartig auf mehrere Personen verteilt wird, theoretisch. Das Subjekt kann beides sein: Filter oder Prisma. *Versions like rain.* Es trifft kleinstellig zu, in etwa so, wie ein Regen fällt.

Der Psychoanalytiker W. R. Bion, der auch den Begriff von *Container* und *contained* geprägt hat, von dem wir seit Anfang dieses Versuchs leben, wendet sich der Gruppe zu, da er davon ausgeht, dass mentale Krankheiten immer auch soziale Phänomene sind, die sich nicht allein in der klassischen Paarstruktur von Analytiker und Analysand lösen lassen. Und dann geht er darüber hinaus.

In seinem Buch *Experiences in Groups* entwirft er drei unterschiedliche Grundannahmen *(basic assumptions)*, die jeweils eigene Verhaltensmuster innerhalb von Gruppen unbewusst grundieren. Es handelt sich dabei nicht um theoretische Formen, die zur Anwendung kommen müssen, sondern um latente Phasenbildungen, die sich aus protomentalen Bestandteilen zusammensetzen. Darin ist der Anteil des psychischen *in-* und *outputs*, des Physischen und äußerer Einflüsse ununterscheidbar. Gruppenmitglieder tragen via *anonymus contributions* (was sich am besten mit »eigentlich gar nichts tun« übersetzen ließe) zu der jeweiligen Grundannahme bei, auf der die Gruppe ihre präkognitive Haltung entwickelt (Attituden in Hanglage).

So lässt sich unterscheiden zwischen der *Dependent Group*, der *Fight/Flight Group* und der *Pairing Group*. Jede einzelne Konstellation ist mental anders eingefärbt – eine Grundierung, die ich zu bestimmen habe, um die Dynamiken, mit denen die Entwicklungen in einer Gruppe zu tun haben, zu lesen. Es sind herkömmliche, halbtransparente Raster, die zu erkennen vor allem dazu dient, sie abzulegen. *Disrupt the script* oder, wie Veronika zu sagen pflegt: *Get rid of Hintergrund.*

Ich muss noch einmal darauf hinweisen, wie quälend die Vorherrschaft dieser latenten Grundannahmen ist. Und wie groß der Sog, den sie entwickeln können, und das tun sie mithilfe einer sich kontinuierlich verengenden Plausibilität. Warum sich im Einzelfall ein Ausweg nicht gezeigt hat, warum ein Auslockern nicht möglich schien, das sind Fragen, die sich erst dann stellen, wenn man schon wieder draußen ist. All diesen schleichenden Grundannahmen ist ein gestörtes Verhältnis zur Zeithabe eigen, woraus wiederum ein phobisches Verhältnis zur Produktivität resultiert. Diese ins Negative hineinmündende Zeit scheint keine Möglichkeiten mehr zu bergen, und wenn, dann gilt es, die Möglichkeiten zu ignorieren. Man ist ins Warten geraten, als sei man einmal falsch abgebogen und könne nun nicht wenden, schon allein, um sich nicht der narzisstischen Kränkung des langen Rückwegs auszusetzen – eine Sache von Frustrationstoleranz und den Mühen der Realisierung.

Das sind gleichgültige, diskontinuierliche Verlaufsformen, die Entspannung nur in der Resignation finden. Die Zeit scheint nicht mehr fristfähig und dennoch knapp. Wie kann das sein? Hier sind einige Scharniere eingebaut, und jedes einzelne davon klappt zum Schlechteren um. Darin besteht die Entwicklungsfeindlichkeit, der Gruppen zuweilen ausgeliefert sind. Nur vor dem Hintergrund von Zeit als Frist entsteht die Erfahrung der Endlichkeit gegen den Machtschein der Stockung. Und am Ende hilft nichts, als die ausgebliebene Gedankenbildung später nachzuholen. Weißt du, auf dem Heimweg hab ich gedacht, dass wir die Abwehr als Angebot hätten begreifen müssen.

Die *Dependent Group* bezieht sich polar auf ein Gruppenmitglied, das entweder eine leitende Position innehaben oder bei dem es sich umgekehrt auch um das schwächste Glied handeln kann. Alle sozialen Interaktionen werden über dieses Relais abgewickelt, analog dem Augustinischen Gottesstaat, in dem jedes Individuum eine exklusive Beziehung zu Gott unterhält und via Gottheit Kontakt zu den anderen Individuen aufnimmt. Man stelle sich dies vor als eine Struktur wie eine aufgeschnittene Grapefruit mit göttlichem Kern, an deren Außenwand die Teilnehmenden sitzen und nur in jenem steilen Dreieck verknüpft sind, dessen Spitze in der Gottheit kulminiert. Der Wunsch nach einer privilegierten Beziehung zum Zentrum, auf das alle sich beziehen, bringt Symptome von Neid, Gier und Schuldbewusstsein hervor.

Die *Fight/Flight Group* stellt ihre Flucht dar, indem sie beispielsweise verstummt. Dann besieht sie ihre eigenen Fingernägel, schaut aus dem Fenster, schaltet sich ab, blättert in Kopien, nimmt Reißaus in Unaufmerksamkeit, vereinzelt sich in *rêverien* und könnte nun, jetzt einfach mal als Beispiel, den im Grunde wohlgesonnenen jungen Dozenten am langen Ast verfaulen lassen. Ist das immer noch derselbe?, will Veronika wissen. Wie bitte? Ach, Dozent. Ja Veronika, das ist immer noch derselbe Dozent, und ich weiß nicht genau, was dich daran so amüsiert.

Wird das Schweigen gebrochen und die Herde auf ihrer Flucht in das Nichtsein aufgehalten (wobei Nichtsein auch der Ausweg in einen Zustand sein kann, in dem Handlung nur noch als ihre Unmöglichkeit figuriert wird) – dann geschieht das im Zeichen der Attacke. Ach, es ist so schade um das ausgefallene Denken, ich meine, das Denken, wenn es ausfällt. Wenn sich diese Vereinzelung vollzieht, bei gleichzeitiger Abgabe von Verantwortung an ein Gruppenwesen, das es so noch nicht gibt, wird Denken unvorstellbar. Stattdessen: Zurückzug auf Tätigkeiten des Selber-*Groomings*, ausgiebiges Studium der kaputten Haarspitzen, Kritzeleien und Gescharre. In diesem offensiven Wegschlendern der Konzentration wird nicht zuletzt das eigene Begehren geleugnet.

Dialog und Kooperation sind erschwert, die Energie verschwingt zwischen Angriff und Anästhesie. Diese Grundannahme kommt dann gerne zustande, wenn es niemanden gibt, der mir erleichtert, die Situation, in der ich mich mit den anderen befinde, sinnvoll zu finden. Das ist im Übrigen das Gegenteil von einem Love-Ding, in dem passager alles in ein sinnvolles Licht gerückt ist und Entscheidungen sich enorm vereinfachen. Etwa, wenn ich jetzt sagen würde: Natürlich bin ich doch noch hingegangen. Ja, das war mir klar. Und soll keiner leugnen, dass das Hinschwinden der Kontingenz nicht auch seine guten Seiten hätte, in diesen so vielfältig potenziellen Räumen.

Die Grundannahme, der Bion den Namen *Pairing Group* gibt, ist vielleicht die undurchsichtigste. Diese Gruppe toleriert es, wenn sie von Paarkonstellationen dominiert wird. Ja, sie scheint sich selbst solche zu schaffen. Sie setzt auf Freundlichkeit und Messianismus. Alles, was gut ist und Erlösung verspricht, liegt in der Zukunft. Sie schafft sich eine Hoffnung, für die konstitutiv ist, dass sie sich der Verwirklichung widersetzt. Sobald die Realisierung ins Haus steht, melden sich destruktive Impulse zurück. Das Realwerden eines Versprechens muss daher sofort mit der Herstellung einer neuen Zukünftigkeit beantwortet werden. Anders geht es nicht.

Wir machen Dinge nach innen und außen. Und in dieser Formation, oder soll ich sagen: Einstellung, sei der Freund von der Dings der Baum, sagt Veronika. Ja, sein Fleiß sei wie das Wachstum eines

Baumstamms, unmerklich und stetig. Oder vielleicht auch wie ein Zenmeister, dem es ganz egal ist, wenn plötzlich (fass den Rechner nicht an!) von der jahrelangen Arbeit nichts mehr da ist. Oder: nur noch Nichts da ist. Veronika sagt: Der würde lachen und nach Hause gehen.

Wenn aber statt des Produkts das Ensemble am Ende ist, wenn es ungesprächig und störrisch wird, trifft das Verschwinden mit einer solchen Wucht auf den im Rückbau begriffenen Spielraum auf, dass die ganze Person und ihr Kontext gleichsam lahmgelegt sind – höchst effizient, wenn man es waffentechnisch betrachtet. Wie sich alles abstreift und ersatzlos bleibt. Das sei jetzt nicht irgendwie asketisch gedacht, nein, da sei einfach nichts mehr da! Wie alles hart und klein wird, wie eine Nuss, nein, wie etwas mit Schale ohne Kern, ja, wie etwas Kompaktes aus Schale. Und dann auch noch *backups*, die nicht gehen! Veronika sagt: *File under Heilung*. Das kann ich nicht.

Was hätte denn wann anders sein müssen, damit es gut gegangen wäre? Wo hat das angefangen? Wann hab ich es gewusst? Und was habe ich mir davon versprochen? Was ist das überhaupt, was nur die Gruppe beinhalten kann? »Wenn die unbewusste Grundannahme über das Paar darin besteht, dass es sich aus sexuellen Gründen trifft, was ist dann die unbewusste Grundannahme in einer Gruppe über Leute, die sich in einer Gruppe treffen?«[8]

Veronika sagt, inzwischen denke sie schon, dass das Love-Wir auch ein Gruppenwir sein könne. Und nicht das Paar, das einen Ausflug macht. Lasst uns also festhalten, dass ich auch gegenüber Gruppen romantische Liebe pflegen könnte – und eine Glückserwartung. Und das müsse schon jetzt sein. Weil ich es später nicht mehr machen kann. Und vor die Wahl gestellt zwischen nichts und etwas *(»to have done instead of not doing, this is not vanity«)*[9], habe sie eigentlich schon immer etwas vorgezogen. Selbst wenn es nicht fertig gewesen sei – oder dunkel und lärmend? Ja, dunkel und lärmend.

Und Wahrheit, wenn sie hier mal an den großen Möbeln rücken dürfe, habe es seit jeher nur mit Zeitkern gegeben. Ja, wenn sie sich gegen etwas wende, sagt Veronika, dann gegen die Vorstellung von Wahrheit als etwas Fertigem. Und ebenso halte sie es mit dem Versuch. »Versuch ist ein Name, der auf Unfertiges hinzudeuten scheint, zugleich ein Name, der Protest erhebt gegen einen die Freiheit des Subjekts infrage stellenden Begriff von ›Fertigkeit‹.«[10] Denn wann wäre man je fertig, es sei denn auf einer Strecke, die im Futur 2 von ihrem Ende her vermessen wird. Da kannste lange warten auf das letzte Wort. Zum Glück, sagt Veronika.

Wir wollen also die nächsten drei Tage von unseren Unfertigkeiten leben. Oder ausschließlich von den *soft skills*, unseren weichen Fertigkeiten. Ekelt dich das denn nicht? Gedanken wie Fühler taktil, lackiertes Schwarz, Bärte und Flechten, ein extrem kleinteiliges Auftreten und das Entgleiten ins Sonstwo. Ich erahne schon das Summen der Chaosangst angesichts der anstößigen Präsenz von vielem.

Aber Veronika sagt: Kohärent wird das von ganz alleine. Darum muss man sich nicht weiter kümmern. Wirklich? Ja, da kommt eins zum andern. Während die *Art-History*-Schnalle auf dem Podium plötzlich losschrie, wir seien alle *deskilled*, wobei unklar blieb, was diese argumentative Volte ausgelöst haben konnte. Womöglich, weil ihr Konzept des *framings* (meinen Sie Rahmen?) zu Nachfragen Anlass gab. Es schlug nicht an, wie es sollte. Wilde Hunde am Waldrand. Es kommt wer, oder was. Die Gewalttat, die Bild und Begriff wechselseitig aneinander verüben. Da fragt Veronika: Siehst du hier irgendwelche Begriffe?

Ja, ich sehe Begriffe, und wenn ich etwas genommen habe, sehe ich sogar die Stelle, an der sich die Begriffe befanden, als sie noch keine waren. Vor dem konzeptionellen Zugriff, mit nichts begabt als einer Dringlichkeit, einer *fixation*, ganz offen noch und *floating*, doch dadurch nicht weniger dringlich. Ein Davor. Gib mir einen Hinweis, zeig mir deine Notizen. Ich sehe die zum Unsagbaren hin offenen, aus noch stummer Erfahrung bereicherten Ränder, den Hof des Denkens, wie den schlechten Traum aus der letzten Nacht, in dem ich je mit zwei Fingern ein Dreierbündel aus langen, dicken Drähten halten und damit tanzen sollte, während ein Dämon, der zur Hälfte aus Fred Astaire bestand, nicht aufhörte zu schreien: Du bist doof. So doof. Du bist so doof. Ich gab mir alle Mühe.

Auf der anderen Seite des Tentativen steht eine definitorische Wut, die der Zeitnot entspringt. Denn zur Definition, sagt die Dings, dazu gehöre doch eine Wut. Schlag die Sachen an den Seiten ab. Oder in der Mitte. Nein, das kann alles weg, und was soll denn bitte schön das sein? Wassertriebe? Luftwurzeln? Veronika sagt, dass es immer nur das Herannahen der Frist gewesen sei, das sie mit der nötigen Aggression ausgestattet habe, und setzt versöhnlich hinzu: Und wenn es zu schade sein sollte, kann man ja schauen, ob man nicht mit den Resten noch mal was anfangen könnte. Genau, anfangen, noch mal. Es bleibt ja immer etwas übrig, und wenn es nur das schlechte Gewissen des Begriffs ist.

»Behaupten, wie die Begriffe es tun, dass die Vergangenheit sinnhaft stimmig war, ist Verbrechen an ihr: Ignoranz gegen ihren Schmerz.

Behaupten, wie Begriffslosigkeit es tut, dass die Vergangenheit 25 sinnlos unstimmig war, ist Verbrechen an ihr: Ignoranz gegen ihr Glück und ihren Schmerz. (Das schlechte Gewissen des Begriffs bleibt immer noch die beste Schule der Erkenntnis; vielleicht sogar der Einfühlung.)«[11]

So, haben jetzt alle ein Ticket fürs *thicket*? Oha! Ja, ich weiß, ich weiß, aber lassen konnte ich es auch nicht. Letztlich muss das Denken ja nur ins Leben gerufen werden, um den Gedanken einen Raum zu schaffen. Man könnte auch sagen, um sie zu meistern. Aber so was sag ich nicht, sagt Veronika, und zwar prinzipiell.

Bevor wir nun unseren Proviant an den Versuch verlieren, muss der Hinweis erlaubt sein, dass der Begriff *essay* wortgeschichtlich länger »wiegen« bedeutet hat, als dass er die tastende, tolerante Bewegung meinte, die wir heute mit dem Versuch verbinden. Bevor der Begriff des Essays mit leichten Füßen in die Experimentallandschaft des Versuchs überging, hatte er ein schwereres Gepäck.[12] Damit ließen sich Werte bestimmen, Währungen stabilisieren, Falschmünzer aussondern. Eigentlich hat man es mit zwei Methoden zu tun: zuerst zu messen und dann gegen die Wand zu laufen oder umgekehrt, was gerne zu unterschiedlichen Resultaten führt. »Es ist klar, dass ein Pessimist auch sagen könnte, die Ergebnisse der einen [Methode] seien nichts wert und die der anderen nicht wahr.«[13]

Da sagt Veronika, sie wisse gar nicht, was das solle, es sei doch inzwischen hinreichend bekannt, dass die Wahrheit die Fiktion bewohne. Als Haustier? Dann wollen wir ihr doch mal den Napf befüllen und eine Klappe bauen. So geht das mit der Zeit und gegen die Zeit, Fakten anbringend, die fiktional informiert werden. Denn die Einmischung des Fiktiven komplettiert, statt zu zertrümmern. »*The emotion of the experience meant something different than the facts*«, sagt der Freund von der Dings, »*it's art, so stop calling it non-fiction.*«[14] Ein vorsichtiges Voranschreiten, in einer Umgebung, die dicht, doch beschwingt ist, so habe er sich das immer vorgestellt. Ich denke an Gedanken, die sich reimen, und dann denke ich den Reim als ein Echo.[15]

Der Versuch unterscheidet sich weniger durch den Einsatz der Energie, mit der er betrieben wird, von seinem Gegenpart als vielmehr durch seine Toleranz gegenüber dem Misslingen. Bei angelegter Zeitachse ließe sich mit gleichem Recht sagen, dass die Durchführung nach ihrem Misslingen in den Stand des Versuchs übertritt. Oder, wie Helge Schneider zu sagen pflegt: »Wers gar nicht kann, der kanns ja mal versuchen.« Der Essay wäre dann genau die Zeit, die es braucht, etwas immer wieder zu versuchen – oder der Unterschied zwischen Energie und Effizienz.

Veronika sagt: Das lag bewusstlos in der Sprache herum. Und: Ich kann mich auch irren. Aber das mache ich nur einmal.

Der Freund von der Dings gibt zu bedenken, dass ein Versuch ja sehr wohl auf etwas ziele. Das ziellose Herumfuchteln sei doch auch nur eine Maske. Schuhe als Tarnung, hatten wir damals gesagt und blieben weiterhin im Unklaren. Diese Latschen tarnen mein Begehren. Jene Schuhe hingegen, sagt Veronika, zeigen, dass ich zu allem bereit bin. Zumindest dazu, deine Füße zu ruinieren, sagt der Freund von der Dings. Nein, ich tarne mein Ziel, ich nehme den Versuch als Funktion der *camouflage*. Oder etwa nicht?

Nachdem es Musil gelungen ist, Unentschlossenheit mit Virilität zu paaren, fallen die Bundfalten auch dann noch messerscharf, wenn der junge Dozent nichts mehr zu verteilen hat. Oder es knüllt sich eine ausgeleierte Cordsakko-Selbstsicherheit über die Schwelle des Berliner Zimmers. Und ich dachte noch, keiner macht das heute mehr, aber das stimmt gar nicht, so Veronika später, beim Lösen der Riemchen um ihre Knöchel. Ja, das sei eben die Idee einer radikalen Vorläufigkeit. Was denn bitte an Vorläufigkeit radikal sein solle, habe sie sich gefragt, und dann angemerkt, dass sie früher, als alle noch in Kontingenz gemacht hätten, insgeheim davon ausgegangen sei, dass mit Kontingenz eigentlich meistens Ficken gemeint gewesen sei.

Und Roland Barthes kommt diesem Gedanken recht nahe, wenn er mit der Gide-Biografin Marie von Rhysselberghe die unglaubliche Mühe beschreibt, die es Gide bereitete, eine Entscheidung zu treffen, »›nicht so sehr die Wahl fällt ihm schwer, aber lästig ist doch die Tatsache, dass man dann festgelegt ist, wo doch jederzeit noch etwas Angenehmeres, Unerwartetes eintreten könnte‹, sozusagen die Angst des Hedonisten: eine Logik des Abschleppens, des Abenteuers (Abenteuer: etwas Unerwartetes, Angenehmes, ›das man erzählen kann‹): wäre zu untersuchen: die Erwartung des Neuen«[16]. Nein, ich möchte mich nicht festlegen, und ich möchte auch nicht von Ihnen festgelegt werden – *but you still want to get laid, don't cha?*

Und dann, so Veronika weiter, habe sie diesen Fuzzi wiedergetroffen, und als sie mit leichtem Schauer angemerkt habe: Aber Kontingenz, das machen Sie doch schon seit mehr als zwanzig Jahren!, habe der sich mit der pikierten Miene des Gründlichen abgewandt, der weiß, wann er bedroht ist. Heißa, hyper, heißa, *and off we go*, den nächsten potenziellen Räumen entgegen. Und das Beste daran sei: Die Rache der ausgeschlossenen Möglichkeiten, die käme darin gar nicht vor.

Es sei eben die Frage, ab wann die noch nicht erwachten Absichten Gottes umschlügen in tappende Unschlüssigkeit, und es sei ja auch kein Zufall gewesen, dass Ulrich sich Urlaub vom Leben nimmt und in die Emigration des schon auch Möglichen geht. Was für einen Sog diese Idee hatte, damals, zwischen den Altern, bis der Diskurs sie ablöste. Eigentlich weiß ich seitdem, sagt Veronika, dass ich keine Frau bin.

Und als Ulrich damals aus dem Haus getreten war, nachdem er der Utopie des Essayismus hinreichend gehuldigt hatte, wollte er die Kälte in den Haaren fühlen. Im roten Pyjama stand er in der Kälte zwischen den Bäumen, darunter sei er gewiss nackt gewesen, stabil, glatt und blass. Veronika sagt, sie habe ihn damals nur um wenige Minuten verpasst, etwas, was sie sich kaum je verzeihen werde.

Die betörenden Worte hießen doch: hypothetisches Leben, Genauigkeit und Seele in friedlicher Koexistenz. Fantastisch. Ach, dieses emphatische Und. Oder wie einmal jemand anderes gesagt hat: *This film is very special. In this film we gonna have penetration and narration.*

Es hätte auch anders sein können. William James macht uns auf den Zusammenhang zwischen Reue und Kontingenz aufmerksam, weil Reue, wenn die Dinge nicht anders hätten sein können, sinnlos wäre. Wenn menschliches Verhalten zweifelhaft ist, ist die Welt vor allem eines: verletzlich. Und dann höre ich den Vers, immer dann höre ich den Vers: »*he who strongly feels / behaves*«. Die mit den starken Gefühlen benehmen sich? Wer heftig fühlt, weiß sich zu benehmen? Und: »*satisfaction is a lowly / thing, how pure a thing is joy*«. Dem folgt nachdrücklich eingerückt: »*This is mortality, / this is eternity.*«[17]

28 Denn all das findet in der Zeit statt, die, richtig verstanden, die Form
29 der Pluralität ist. Und dann habe sie der Freund von der Dings angerufen und ihr gesagt, dass er sich nun noch mal die sieben Todsünden durchgelesen habe, und es sei in der Tat keine dabei, die der Zufriedenheit diene. Ob Reue dabei sei, habe sie gefragt. Nein, Reue nicht. Aber sollte sie nicht dabei sein? Oder fällt sie unter Nummer sieben, *Acedia*: Faulheit, Trägheit, Trägheit des Herzens?

Das Problem ist, sagt Veronika, sie wolle zu viel. Andererseits, das Leben ist kurz. Ach, wie mich das anfällt. Ich bereue immer alles, was ich tue, sage ich. Wirklich. Ich habe das inzwischen schon so weit perfektioniert, dass ich manchmal sogar Dinge bereue, die ich noch gar nicht getan habe. Sagt die Dings: Das glaub ich dir nicht. Das ist aber so, sagt Veronika.

Das geht, weil Reue Flucht vor Vergebung ist. Reue ist in sich und wendet sich nicht nach außen. Die nach außen gewendete Reue hört auf, Reue zu sein, und zielt in eine Formlosigkeit des Sozialen hinein, womit diese Formlosigkeit zum *potential space* wird, zur Möglichkeit der Vergebung. Zur Vergebung gehören zwei, zur Reue genügt einer, und das ist ihre triftigste, aber auch ihre tragischste Eigenschaft.

Was einen schlingern lässt, ist die Verarmung der Ansprache. Es ist die Vereinzelung, auf die sich die Reue kapitalisiert. Und hier wären wir wieder beim Gehaltensein und dem Enthaltenen, *Container*, *contained*. Es liegt ja nahe, dass man das Falsche will, wenn die Anzahl der Leute, denen man davon erzählen könnte, zusammenschrumpft auf einen, eine oder keinen, keine. Die Dings nennt das: die Plauderprobe. Daran zeigt sich: Es ist etwas nicht richtig. Das ist ein Agieren gegen die eigene Dauer, gegen die eigene

Kontinuität. Und damit genau das, was einen aus der Bahn wirft und was nicht immer, trotz allen berechtigten Lobs der Differenz, zu Besserem führt.

Und auch sei die Reue eine *mise en abîme*, oder soll ich sagen: ein rivalisierender *Container*? Der Ansturm der konkurrenten Narrationen, wie ein Wind im Haar, Veronika, Veronika, ich kann dich kaum noch hören. Als würde mir, was ich hatte, aus der Hand gerissen, als triebe eine Scholle davon, als würden Fichten im Dutzend entwurzelt, worauf der Freund von der Dings sagt: Den *soundtrack qui va avec*, den würd ich jetzt gerne hören.

Da es an nötiger Direktheit mangelt, wird sich alles verkapseln. Hier greift eines ins andere, und jedes Einzelne ist eine Miniatur dessen, was dir möglich schien, Veronika. War es aber nicht. Genau. War es nicht. Veronika sagt, sie habe allerdings von einem gehört, der das könne, direkt sein, und habe sich sofort in dieses leere Feld mit nur einer Bestimmung verliebt. Seither seien ihre Träume durchquert von nachdenklichen Runden, in denen mentale Handarbeit betrieben werde. Träume, in denen sie ganze Stunden hinter dem Steuer verbringe (ich habe das nie gelernt, ich laviere und schalte und komme prinzipiell ins Schleudern). Unlängst sei sie einen unter dem Licht des Monsuns hellgelben, lehmigen Hang heruntergeschlittert, auf dem sich Hütten und Marktstände befunden hätten. Und gegen alle Erwartung sei niemand verletzt worden.

Auf einer anderen Ebene der Versenkung findet Abend für Abend eine imaginäre Therapie statt. Veronika sagt, es habe etwas gedauert, bis sie gelernt habe, das vorgestellte Schweigen ihres imaginären Therapeuten zu ertragen, das sich ihren Äußerungen angeschlossen habe. Man müsse schließlich irgendwie die Stunde

30 füllen. Ballonfahrt. Fahrt übrigens deswegen, weil Seefahrer die
31 Einzigen waren, die sich damals mit Navigation auskannten.

Der Schlaf als Zeilenumbruch. Brüche denken und in Brüchen denken. So entstehen Intervalle. Nein, ganz träumerisch sei das gewesen. Mit Denken habe das nichts zu tun gehabt. Nächtlich ausgesetzt. Wie wir alle.

▬ ARBEIT AM GEFÜHL[18] – Die Korrespondenz ▬ ▬

▬

▬ ▬

▬

▬

▬ ▬

▬

▬

▬

▬ ▬

▬ ▬

▬

▬ ▬

▬ ▬

Und man solle eigentlich nach ein Uhr in der Früh nicht mehr nach der E-Mail sehen, sagt Veronika, und ich sage: Ja, aber was ist mit der rettenden E-Mail, die in der tiefsten Nacht hereinkommt und das Dunkle erhellt, die den verflüssigten Kopf abseit und sagt: Zauberhaft, dein Gehäuse ist ja doch ein gutes Gehäuse. Eine Rettung, die auch dann noch stattfindet, wenn die Nacht das Soziale gekappt hat, es sei denn, man hätte Freundinnen und Freunde in allen Zeitzonen. *Timing*, sagt Veronika, und: Auch das Tageszeitliche moderiert die Emotion. Ich hätte mich an helllichtem Tag in einem verdunkelten Zimmer betrinken müssen, um meine Atmosphäre der seinigen anzuähneln. Das war natürlich ausgeschlossen. Jedenfalls solange noch eine Chance bestanden hat. Am Ende war es dann auf beiden Seiten des Atlantiks einfach egal.

Andernfalls war ich in eine hellwache Müdigkeit hineinhospitalisiert. Und spürte etwas, das entfernte Ähnlichkeit mit Aufregung hatte.

Das ist in den Leitungen, die unter Putz verlaufen. Das Gegenteil
33 von *rêverie*, im dämmernden *Container* meines Tagtraums wurden Neonröhren angebracht. Etwas wuchs mir zu, wie im Fieber, und ich spürte schlaflos die Diagonalen an mir zerren. Keiner da.

Hermes, dein Schiffchen wirkt Wunder. Aber hattest du nicht zwei davon? Ach, die Lücken. Wieder habe ich nichts Genaues erkannt, im Flirren der Briefe. Und wie sie wechseln, wenn das, was darin nicht ausgeleuchtet ist, letztlich als Mittel der erotischen Spannung dient. Strategische Auslassung, um den anderen einzuladen, näher heranzukommen, damit der oder die überhaupt etwas sehen kann. Ja, das ist eine ausgefuchste Lichtdramaturgie, die da aufhellt und verdunkelt.

Die hinzueilende Imagination ist schon ganz eifrig dabei, die Lücken zu füllen. Das setzt natürlich ein Anfangsinteresse voraus. Herangezoomt, mitten hinein in das labile Gestänge, das schweigt, das spricht. Hach, käme doch die Antwort unter Aufbietung des exakten hermeneutischen Gleichgewichts meines eigenen Befremdens. Dialoge, in denen der Austausch von Verstörung auf das Schönste austariert ist – eine zärtliche Balance.

Diese Lücken müssen nun freilich gehalten werden. Man muss sich kümmern. Oder um es mit einem Wort von Rosmarie Waldrop zu sagen: *Gap Gardening* – eine Hortikultur der Lücke. Lücken müssen sogar stärker noch gehalten werden als Vorhandenes, emphatisch im Sinne von *holding*. Beim Überhandnehmen der Lücke, wenn beispielsweise das Intervall sich weitet, kein Brief mehr kommt, treten ungemeine Irritationen ein. Keine Haltung. Keine Fassung. Nun heißt es, die Lücken anders zu füllen und das gegen sich selbst zu tun, gegen die eigenen Wünsche, die es anders wollen. (Allen Blödsinn muss man selber machen!)

Wiederholtes Lesen ist Genuss und Kreuz. Genuss ist es, wenn ich, nachdem ich eine gute Antwort erhalten habe, meinen Brief wiederlesen kann im Wissen darum, dass er das Bewusstsein des Anderen berührt hat, ohne es zu stören – dann wird mein Brief frei von den Zweifeln und Unsicherheiten, die den Moment des Abschickens begleiteten, und ich kann ihn neu lesen und will ihn wieder und wieder lesen, ohne eben diese Angst, und bin glücklich. Denn »zum Glück gehört der Reiz der Frage, wie der andere meine Handlung, meinen Ausdruck aufnehmen wird. Von dem Interesse an der in mir verborgenen Figur des richtigen Lebens ist das an der in einem anderen Menschen vorhandenen Möglichkeit des Glücks nicht zu trennen.«[19]

Bitter wird es, wenn der Brief dieses Mal nicht *with charity* (Nachsicht und Güte), sondern verdächtigend, detektivisch, auf Schuld aus gelesen wird. Das kann ein Kategorienwechsel sein, von dem mich niemand unterrichtet hat, und ich mache vielleicht noch immer so weiter wie bisher. Ja, wie dumm von mir. Genau da droht Dummheit, denn »innerhalb der Kategorien irrt man. Außerhalb, oberhalb, jenseits und diesseits der Kategorien ist man dumm ... Dies deckt eine wenig bekannte Funktion der Kategorien auf: Indem sie einen Raum des Wahren und Falschen eröffnen und dem Irrtum einen gewissen Spielraum gewähren, verbannen sie insgeheim die Dummheit.«[20]

Ist es nicht so, sagt Veronika, dass die Dummheit im Gegensatz zur Intelligenz, wo das noch nicht ganz oder zumindest nicht in jedem Fall ausgemacht ist, deinen Körper hat? Besitzt ihn voll und ganz und stellt ihn zur Schau? Keine Frage, so ist Identität, wenn es mal schnell gehen muss. Ja, ihr könnt jetzt beide gehen. Und vergesst das Zeugs nicht, nein, euer Zeugs, dafür haben wir nämlich so gar keine Verwendung. Zu Hause im Kammersystem aller möglichen nachträglichen Änderungen sieht die Sache dann schon ganz anders aus, wenn auch nicht besser.

Hach, wenn man nur eine Erklärung hätte. Oder zumindest eine Mischung aus Minze und Flieder. Ein fliedriges und ein minziges System, die korrespondieren, sagt Veronika und geht vor uns auf den Boden, um uns zu zeigen, wie das funktionieren könnte: Alle arbeiten miteinander, bis ihre Temperaturen sich einander angleichen. Die Minze sei effektiv etwas kühler, der Flieder werde intern als fleißig beschrieben. Daher die Asymmetrie zwischen Wärme und Arbeit. Wieder einmal hat die ungeordnete Bewegung das letzte Wort. So sieht das Disaster aus: verworren und ungehalten.

Aber ab wann muss ich Distanz gewähren? Wenn sich das Vertrauen auf ein gutes Ende mehr und mehr ausdünnt, wenn die Fülle auf meiner Seite in Vergeudung und auf der anderen in Zumutung umzuschlagen droht. Dann gilt es, wieder von der Ferne zu leben. Dann muss ich ein ganz neues Feld bereiten. Schwierig sind nur die Übergänge. Und nicht immer kommt es zu jenen *Versöhnungen*, von denen Elke Erb schreibt, dass sie »im *Getrost-Richtigen* der neuen Richtung / aus den geglückten Entzweiungen erfolgten«[21].

Vorerst sind es melancholische Verkapselungen in Bewegung auf mich zu. Und du hast schon wieder vergessen, wie man das Ding zusammenbaut. Ja, guck sie dir an, die Einzelteile, gedreht und gewendet. Ist denn schon wieder ein Schatten auf das Subjekt gefallen? Ich glaubs ja nicht, da ist offenbar schon wieder ein Schatten auf das Subjekt gefallen. Ja, warum muss denn dauernd ein Schatten, ein Schatten und schon wieder ein Schatten auf das Subjekt fallen?

Da hilft es auch wenig, sich zu sagen: Wir haben doch die Sprache noch, wenn eine privatsprachliche, ehemals freiwillige Hermetik im Begriff ist, sich gegen mich zu wenden. Nicht mehr decodierbar ist er, der abgehalfterte Geheimbund unseres Bezuges, *sexy, sexy*. Und schnell mal nachzufragen, ist auch nicht vorgesehen, weil solches Fragen gleichsam unter einem Geläufigkeitsverdacht steht. Metaphern, die sich gegen mich richten, »also in der Weise, dass sich an die Phrase ›wenn nur das verfluchte Klavierspielen aufhörte‹ die Frage anschließt: ›Warum sagen Sie's nicht laut?‹ und darauf wieder die gefälschte Antwort erfolgt: ›Weil ich dumm bin so etwa‹.«[22]

Und wenn es nun aber wirklich strohdumm *in extremis* wäre, dein Begehren, dümmer als ein Schwämmchen aus Nougat? Oder anderer Vorschlag: Es passt dir schon lange nicht mehr, aber du läufst trotzdem noch damit rum: ein Blüschen, das vorne aufsteht, seitwärts zwackelt und unten rausrutscht und sich zu allem Überfluss längs der Titten statisch auflädt. Noch dümmer. Dümmer als Triebe, die wissen zumindest, wohin, nämlich zurück. Komm doch mit und begrüße mit mir das Mineralische. *Ja, wenn es ein Lied ist, muss ich diese Zeile wiederholen, / Wenn es ein Lied ist, muss ich diese Zeile wiederholen.*

Aber wir, wir haben doch die Sprache noch, *baby*. Ja, die Sprache haben wir wohl, es muteten manche Frühlinge dir zu, dass du sie spürtest. Nicht es, schreit Veronika, wir! Immer nur wir! Und wir hauen dem Kellner eine rein, weil wir so glücklich sind, und reden davon, wie es einmal war. Wie flüssig die Verben sich bewegten, yes, yes, yes. »*Desire moves. Eros is a verb.*«[23] Und wie die Grammatik noch geklackert hat und ich alles hergenommen und überlängs gedengelt hab und die Schultern scheppernd tilteten wie beim Flippern und das Gestänge ölig war und geil und wies gestampft hat, ach – das war eigentlich das Beste, nicht wahr, Veronika? Du hast das Bild jetzt auch parat. Leg nur deine Hand hinein, ich quetsche dir den Strophenbau oder, falls nötig, ein Pferdchen, das speichert und schnaubt.

Wir kennen die opake und die transparente Verwendung von Sprache, und zuweilen will es mir scheinen, dass es sich dabei um zwei komplett voneinander zu unterscheidende Systeme handelt, eines, das im Dienst des Hellen steht, und ein anderes im Dienst des Dunklen. Aber das stimmt nicht. Irgendwo schreibt Umberto Eco, dass sich die Semiotik mit allem beschäftige, was als Zeichen dienen könne, also mit allem, was zur Substitution von Bedeutung verwandt werden könne, und das sei letztlich auch dasjenige, was zum Lügen diene. Etwas, was zur Lüge nicht tauge, tauge ebenso wenig zur Wahrheit, tauge weder zur Aussage noch zu deren Übermittlung.

Das ist übrigens eine aufrichtige (Veronika sagt: keusche) Datei, die tippt sich wie von selbst. Ditt iss Montaigne uffjefrischt, sozusagen (Oha). Lass dir eins gesagt sein: *Irony is over, man.* Genau, denn von hier an ist es Ironman.[24] Das war jetzt schon ziemlich schmerzhaft, aber Veronika sagt: Ja, ich kann es auch noch schlimmer machen, als es eh schon ist. Und wenn wir das hier nicht volllaufen lassen, wissen wir auch nicht, ob es hält, im Ernstfall, mein ich jetzt. Denn *»to have done instead of not doing, this is not vanity«*[25] – und keine Ahnung, was damit gemeint ist. Selbstverständlich weiß ich, was ich damit meine, sagt Veronika und beweist es mir mit einer Serie von Telefonaten, die in die Geschichte der abendländischen Beziehungslogik eingehen sollten.

So wie sie damals einen Brief nach dem anderen geschrieben habe und es ihr erschienen sei, als würde sie das Begehren bearbeiten, wie man einen Gegner bearbeitet oder, ausnahmsweise, den ihn vertretenden *punching ball*. Dreisilbige Muskelkraft, links, rechts, links. Und das sei damals alles noch adressiert und zur Post gebracht worden, und deren einmalige Auslieferung habe täglich einen stummen Raum eröffnet, in dem nichts zu erwarten gewesen sei, nicht mal ein Echo. Wie eine Kur, sagt Veronika. Heute hingegen.

Seit automatisch eine elektronische Selbstkopie angefertigt wird, stehen diese Textmengen auch nach dem Austausch noch zur Verfügung. Doch welcher Art ist dieser Text, und in welchem Maß ist er verwendbar? Und vor allem: Wem gehört er? Und ich rief ihr noch nach: Aber du findest das jetzt nicht indiskret oder so? Und Veronika, schon auf der anderen Straßenseite: Indiskret? Im Gegenteil! Und wenn schon, Indiskretion finde ich klasse! Wollte ich denn je etwas anderes? Da bin ich ja beruhigt.

Guten Tag, was können Sie denn mit der Sprache machen? Ich kann jemandem 1.200 Kilometer nach Süden schreiben oder 600 Kilometer nach Osten. Und fragte: *Will you write?* Und ich sagte: *I will.* Und schrieb seither mit der Energie des Habenwollens an gegen das Gebrechliche der Details weniger Tage. Auch das ist große Arbeit. Veronika sagt, sie habe ihn schließlich unter poetisches Sperrfeuer genommen, *to get him closer to the subject. What subject?* Na, welches Subjekt wohl?, fragt Veronika. So viele sind da ja nicht, sieht man einmal vom lyrischen Ich ab, vom Überich, das abgebrüht und ausgebufft in den Seilen hängt, und dem Es, das nicht infrage kommt. Der psychische Apparat in Auflösung – oder wie soll ich es nennen: das Gegenteil von Zubereiten.

Ihr begleitet mich doch bittschön in die Projektionskabine. Nein, das ist der Schalter, der hier betätigt den Ton und der hier die

Lüftung. Das muss alles gespiegelt werden. Erst gespiegelt, dann fragmentiert und dann neu zusammengefügt. Und nun schau sie dir bitte ganz genau an, die prismischen Trapeze deiner Welt. Denn letztlich kommt es nur darauf an, wie man Kontinuitäten setzt und ob noch Zeit ist. Ist denn noch Zeit, jetzt, wo es mit einem Mal so hell wird und schnell. Veronika sagt: Es ist. »Ich sehe dich noch auf der ersten Stufe, das Wort Jetzt aus dem widerstandsdichten Dunkel herausreißend, als verfüge auch die Zeit über verbotene Kammern.«[26]

Das ist Textarbeit, die gleichermaßen Arbeit am Gefühl ist. Schreibe. Schreibe viele Briefe, denn man muss sich Mühe geben. Währenddessen kehrt sich um, was Zwischenzeiten waren. Und nur mal angenommen, es gäbe Experten für Präsenz und solche für Distanz, welche wären dir lieber? Die Briefe gehen hinaus. Man befindet sich doch nie in sicherer Entfernung, vielleicht weniger noch als in sicherer Nähe. Da sagt Veronika: Find ich nicht, und ich antworte: Find ich doch. Wir können ewig so weitermachen. Das wird eine großflächige Beschriftung des Randes jenseits dessen, was auch noch zu tun ist. Ach, der große Rand. Was da an Zeit reingeht.

Junge Männer seien dazu ja meistens überhaupt nicht in der Lage, behauptet die Dings, dafür gäbe es Beweise. Die Arbeit an der Korrespondenz rückt in die Mitte, die Zwischenzeit dehnt sich hinein in das große Projekt, das mit der schillernden Fassade und der Angst vor kritischer Aufnahme. Ich habe das hier für Sie schnell mal eingerüstet. Hach, das ist nun aber nett von Ihnen. Fixiert. Oder vexiert, denn wenn es mühselig wird, wird es weiter betrieben, aber nicht mehr von selbst. Das ist der Inhalt, und die Kontur. Und wie schnell das umschlägt.

Zeigt nicht auch Weber, wie die Aufladung funktioniert? Was man tun muss, damit Charisma sich veralltäglicht, damit die Objekte anfangen zu sausen, schattig zu werden und zu sirren? Wie beseelt und dennoch stets zur Hand? Aber will man das denn – als Funktionär in einem regelmäßig organisierten Betrieb zur Beeinflussung außeralltäglicher Kräfte arbeiten?[27] Nein, wenn Charisma sich veralltäglicht, ist es ja schon auf dem Weg nach Hause. Und überhaupt bin ich skeptisch, was derartige Überhöhungen angeht. Dann nenn es halt anders. *Surplus* vielleicht. Veronika sagt: Darum soll sich sein Freunding kümmern, im freien Fall. Im freien Fall? Nennen wir es Brausen, nennen wir es Grund.

41 ARBEIT AM KÖRPER

Möglicherweise gehört mir dieser Körper noch weniger, sagt die Dings, als Männern der ihre. (Wieso, ihr seid doch eh die Einzigen, die einen haben, wenn überhaupt.) Zumindest während des momentanen Zugriffs, der Gedanken als Verkörperungen sieht, denen der Nachwuchs ausgehen könnte. Eine perfide Drehung der Debatte: dass das eigene *minddesign* aussterben könnte. Als ginge das so vonstatten. Es handelt sich dabei um eine letztgültige Biologisierung der Latenz. Darin wohnt er ja schon, der Tod. Und wenn keiner einen eigenen Körper hat, so hat doch jeder einen eigenen Tod, behauptet die Dings, die derzeit offenbar mehr als vierzig Grad Endzeitfieber hat. Dabei sind manche meiner Rippen erwiesenermaßen fünfzehn Jahre jünger als ich. Und einige meiner Überzeugungen sogar mehr als dreißig Jahre jünger als ich.

Der Körper ist etwas, das ich mir nie zugelegt habe und das ich niemals weggeben kann. Von dem eigenen Körper zu sprechen, ist nur sinnvoll, wo es die Differenz betrifft, die zwischen dem eigenen und dem anderen Körper besteht, aber nicht um anzuzeigen, dass man seinen Körper besitzt.[28] Wobei Veronika schon auch recht hat, wenn sie dem jungen Dozenten (ja, noch immer demselben) den Ausweis abnimmt und ihn bis auf Weiteres im unbewohnten Flügel des Landsitzes einsperrt, um ihm zu zeigen, dass es unterschiedliche Formen der Selbsthabe und auch, so leid es ihr tue, akademische Trennungen gibt. Sie machen einen großen Fehler. Einen Kategorienfehler nämlich. Japp. Möchten Sie vielleicht noch einen Blick in die Karte werfen? Vielleicht wäre ja noch etwas für Sie dabei.

Ob Veronika mit ihren flächigen *tattoos* die wesenhafte Unpersönlichkeit des Körpers negieren will, sei dahingestellt. Das Ding habe eben einmal der Gattung gehört, bevor es ihr gehörte – und wird ihr auch danach wieder gehören, der Gattung, meine ich jetzt. Und der wiederum sei dein Körper nun also entfremdet? Ach, Veronika, meine liebste tätowierte Präsenz. Deine flächig bezeichneten Stellen, das seien *smudges*, sagt sie. Auf ihrem Rücken zum Beispiel findet sich eine fransig-fragile Form, als zeichnete sich die Lunge ab. Linien, Raster, unleserliche Zeichen, ein diffuses Verzeichnis von Organen oder, wie der Freund von der Dings es etwas grob zu nennen pflegt: Veronikas persönlicher Schlachtplan.

Na und, du bist nicht außerhalb der Sprache, du bist nicht außerhalb des Körpers und nicht außerhalb der Welt. Meistens. Ja, meistens, sagt Veronika, und für alle anderen Fälle sei sie ja wohl Expertin. Da sagt keiner von uns Nein.

In der Welt oder in der Wand? Zum Beispiel in den Dolomiten angeseilt. Das sei die Schlüsselstelle, rufen die Freunde zu mir hinauf. Und ich nach unten: Schon klar. Meine rechte Ferse tritt nach hinten, in die äußere Kante eines Risses, die Hüfte nach vorne links verdreht, den rechten Arm auf eine flache Verwerfung gestützt, der linke Arm langt weit aus, nach links oben, und findet nichts, das linke Bein hochgezogen, den Fuß auf einem dürren Tritt, zitternd. Umgreifen, schreien die Freunde von unten. Rechts sei der Griff. Wie denn umgreifen bitte, ich müsste springen! Etwas hält an, und durch diese Lücke dringt Panik ein. Ein Gefühl ähnlich dem, das mich zuweilen nachts am Rechner ergreift. Nackengriff. Wie weit denn noch? Veronika sagt: Du weißt schon, dass du immer später fällst, als du denkst. Ich weiß. Und plötzlich haut es mich an wie eine Erkenntnis: Ich und mein Körper, wir müssen da beide rauf. Was für ein Irrsinn. Etwas, was ich nie lernen werde. Unten hören sie mich schreien, oben höre ich es nicht, und mit einer Wut, die mit Sicherheit nicht Rotpunkt ist, einem tiefen Kratzer über dem ganzen Rücken und offenen Knöcheln bin ich oben, habe Stand und erlebe dort eine gänzlich unsportliche Form der Genugtuung.

Und die Dings hat ihr eines Abends die Sache mit dem Lebewesen erklärt. Es sei nämlich so, dass das alles, zum Beispiel die Nervosität und die Erschöpfung auf langen Flugreisen, daher komme, dass man versäume, es seinem Lebewesen zu erklären. Du musst das deinem Lebewesen erklären! Und Veronika fragte: Wie würdest du das deinem Lebewesen denn erklären, und sie antwortete: Ich würde sagen, da ist allerhand Land dazwischen, allerhand Land, und machte eine große Armbewegung dazu.[29] Ja, aber dein Lebewesen ist nicht dein Körper. Selbstverständlich nicht. Mein Lebewesen ist weitaus vernünftiger, mein Lebewesen will es *safe and warm*. Ja, ihr seid ab heute zu dritt.

Oder auch mal ohne Schrank: Wir sitzen in der dunklen Lamelle, in der Faltenwirtschaft des HKWs, und um uns her wird die

Schönheitsausstellung eröffnet. Aber wir sind unkooperativ, weil angetrunken und aufgekratzt. Der Argentinier erzählt, wie er damals während eines informellen Pferderennens die Autobahn mehrfach überquert habe. Vom Feld her kommend, über den Seitenstreifen, ohne zu bremsen (Zügel geht nicht, weil Pferd ist Wahnsinn!) auf dem Straßenbelag, der harte Aufprall der Hufe, Schnelligkeit, die Zügel, das Pferd. Und das wie rasend tickende Vor und Zurück des Pferdehalses. Und das sei eine Pferdinne gewesen, ja, immer nur hätten sie Pferdinnen gehabt, wie Gaucho ohne Schrank mit Stuhl aus Schaf. Rätselhaft waren bloß der Schrank (es stellte sich schließlich heraus, dass Steigbügel gemeint waren) und seine Bemerkung, dass es sich bei Fehlern nur um die Körpererfahrung von Gedanken handele. Warum, daran kann ich mich beim besten Willen nicht erinnern.

Etwas habe sich entschieden, sagt Veronika, und es sei später schwer gewesen zu sagen, wann das geschehen sei. Dass es eine Grenze gebe und man hinüber müsse, mit einem Doppelschritt – das sei der Paradigmenwechsel. Das ist die leichte Gefährdung im Ansprung. Nicht diese Sanftmut. Es muss schneller gehen. *Quickstart.* Die sanfte Berührung sei nur unter Drogeneinfluss zu ertragen und selbst dann nicht. Aber das war ganz zart. Ganz zart. Eine Locke aus dem Gesicht, aber dann, spätestens dann: der Doppelschritt.

Diese blanke, anerkennende Überraschung, die den Übergriff (dosiert, sach ich, dosiert) begleiten kann: Das hat seit Jahren niemand mehr mit mir gemacht, erzählt Veronika und glüht vor *displacement.* Etwa so, wie ein couragiertes *timing* imponieren kann. Und das Lesen dieser Überschreitung – welche blitzschnellen Erkenntnisse über den Anderen das bereitstelle –, *just beautiful.* Im günstigen Fall, wohlgemerkt.

Und wenn gar nichts mehr geht, bleibt das Gelächter. Nachdem
45 der Körper das vorgefertigte Skript verlassen hat, außen steht und sich gehässig biegt, weder mit sich selbst noch mit dem Anderen etwas anzufangen weiß – dann bleibt der Schlaf. Das Weiße. Das schönste Weiß. An eine Schwere geschmiegt oder an etwas anderes, das wider Erwarten komplett fuchtig macht. Dann wird der Schlaf porös. All diese kleinen Durchgänge, ein Zittern. Glitter.

Oder aber draußen und *no place to go*. Mit dem Rücken zur Wand und breiten Beinen und durch all die Schichten von Kleidung hindurch und dass es kalt und aus irgendwelchen Gründen immer Winter ist. In meiner Vorstellung setzt jetzt ein Regen ein. Dann fängt das Zittern an. Und man geht in eine Richtung auseinander, in der es keine Taxis gibt. Diese Stellen werden später in der Stadt verzeichnet sein wie flüchtige Kratzer, die immer noch heilen und nicht damit aufhören.

Phonetics: Hohe Schreie ausstoßend, gehe ich alleine und brüchig die Straße herunter. Das ging durch den Brustkorb wie ein mobiles Gestell, war aber im Folgenden wenig hilfreich. Oh, ein süßes Winseln oder Piepsen, wie ich es noch nie gehört habe und wie es sich dennoch augenblicklich in etwas Vertrautes verwandelt. Der Austausch der Laute schafft sich selbst sein System. Die Folgelogik dieser Phonetik war ein Umgang mit Gefühlen, die ihre Worte noch suchten, und insofern eine bestimmte Materialität des Denkens. Nein, sagt Veronika, ich meine nicht seine debile Qualität, auch wenn das hier jemand offenbar nahelegen will. Man muss halt lesen lernen. Ein halb kontrollierter semantischer Rhythmus, wie im Lautgedicht, und die wechselseitige Kenntnis, die die Kenntnis des Anderen anerkennt.

Im letzten Moment höre ich den hohen oder tiefen Ton, der alles in Schwingung versetzt und betretbar ist. Der eine Höhle ist, die ihr Innen außen trägt und umgekehrt und in die hinein man fallen oder aus der hervor man stoßen will. Diese Höhle ist eine Frequenz, nach deren endlicher Entgrenzung der Atem langsamer geht. Als liege man nebeneinander wie Klötze, unbeweglich und das Weiße in den Augen offen. Unbeirrt und unverbunden. Und dann wie aus einer Weite zurückkommend, in der man alleine gegangen ist. Das ist Norwegen, dachte ich. Nein, sagt Veronika, das ist Coney Island.

Diese Spielart von Egoismus, sagt Veronika, war nicht billig. Der eigene Körper, der wollen soll. Will. Kann. Und dann auch wieder nicht. Der andere Körper. Wenn er ganz neu ist und so überdeutlich darin. Und der tickende Reiz, der in dem Informationsüberschuss besteht, der der neue Körper eines Anderen ist. Keine Kontinuitäten, ja bitte, danke, auch das läuft sich tot. Weißt du, sagt die Dings, es läuft sich alles tot. Das stimmt, sagt der Freund von der Dings, das stimmt. Andererseits.

Neuigkeit ist ja eine Qualität, die nicht immer belohnt. So entstehen unmögliche Situationen aus einer vermeintlichen Normalität heraus. Also ich ziehe mich jetzt aus. Sie können indes tun, was immer Ihnen beliebt. Wie eigenartig, dass es einen Umgang gibt und dass es keinen Umgang gibt, weil es beides gibt. Man darf ja dankbar sein für die sozialen Konventionen, die die Überwindung von Distanz moderieren. Wobei es genau genommen einfach ist, im Sinne von einfach machbar, im Sprechen, beim Plaudern, beim nebeneinanderher Trinken, jemanden deutlich anzulangen, und dass man es gemeinhin nicht tut. Wie gesagt, aus guten Gründen. Aber, aber diese einhakenden Augen!

Überwältigung, sagt Veronika, war vor allem ein theoretisches Problem. Ein Problem der Subjektivität und ihrer Bedingungen und ein Problem des eigenen theoretischen und politischen Niveaus. Ich habe Jahre gebraucht, bis ich gelernt hatte, dazu Ja zu sagen. Deine Geschlechtsidentität ist so *fucking average*. Es gefällt nicht, wenn all das ins Förmchen passt. Wohingegen die Ausrichtung und der Vollzug wiederum eine Sache von Verhandlung sind und, wie die Dings hinzufügt, die Idee von Irritation als etwas, was per se dem glatten Hinhaun überlegen wäre, ja wohl auch völlig gaga sei. Veronika sagt, sie sei sich da nicht so sicher.

Letztlich müsse man das handhaben wie das Modell der unähnlichen Ähnlichkeit und darin die Dramatik der inneren Aporie beibehalten. Das sei eigentlich ganz einfach: Durch den Grundsatz der Ähnlichkeit bei je größerer Unähnlichkeit werde endlich eine so plötzliche wie präzise Übereinstimmung ermöglicht.[30] Aha, und wie willst du das prozessieren? Dass dir da mal nicht die Rübe implodiert. »So als ob die von uns gesuchte, dem Symbol und dem Symbolisierten gemeinsame Qualität zwar auffindbar sei, aber nur um den Preis akrobatischer Interferenzen und aufs höchste disproportionierter Proportionen«[31] – gegen das Einrasten der Vorstellungskräfte. Sacht die Dings: Die Stellung will ich sehen, und bekommt kurz darauf von allen eine inne Fresse.

Aber es müsse trotzdem noch einmal darauf hingewiesen werden, dass es kaum je richtig sei, andere ausgerechnet um ihre Konflikte zu beneiden, wobei der Freund von der Dings anmerkt, dass man etwas wie ein Liebesleben nach Möglichkeit schon haben sollte, oder sich zumindest darum bemühen. Schon alleine, da das Liebesleben ja zumeist um einige Jahre kürzer sei als das Leben schlechthin.

Aber weißte, diese Arme, sagt Veronika. Eine glatte Haut. Das Fältchen. Der Schwung der Schläfe von der Seite her besehen. Die Härchen am Arm, hingeordnet, als ströme Wasser darüber. Fetische. Die ganze Person, wie sie da steht, flugs partialisiert und im Gedächtnis abgelegt, als wäre ein Zen-Metzger mit nur einem Schnitt zugange gewesen. Zack. Keine Einwände, sagt Veronika, das ist jetzt nicht so was wie aztekische Reitkunst oder so. Das hab ich irgendwo gelesen.[32]

Partiale also. Für eine Anzahl schmaler Männer, die ich mochte. Lenden, Stand- und Spielbein, ein Flur, da hätten sie sich alle aufgebaut. Handgelenke. Was für ein Reigen. Ein Glas in der Hand. Eine Digitaluhr, locker am Gelenk. Oder ein Armband. Den Gürtel öffnen. Schneller sein, die Geschwindigkeiten anpassen. Und doch noch pendelnd zwischen: Warum mache ich das nicht öfter, und: Warum mache ich das überhaupt?

Um sich später noch erinnern zu können, wirklich, als wäre es heute gewesen, hege sie kleine Blessuren wie *souvenirs* an Städtereisen. Sie würde dann auch Wunden wieder öffnen, sagt Veronika, damit sie immer gerade heilen. Einen anderen Trost gäbe es hier ja nicht, oder ob ich etwa etwas sehen könnte. Na, es sei denn, es käme Post, biete ich an. Dreck, sagt Veronika und: Das haben wir ja schon gesehen, wie das ist.

Fremde Sprachen können enorm erleichternd sein, wenn es um diese besondere Form des Austauschs geht. Lass es eine Sprache sein, die für beide eine fremde ist, *Français in Schräglage, shabby Spanisch, broken English, your Polish needs polish, my dear,* oder eine ganz andere Mischung, die wir mit Erlaubnis der Dings, ihres Freunds und des jungen Dozenten *Ottersprache* nennen möchten: *I bin thinking baute you. Sur la chaisepopaise.*

Tisse belt. You has spoilted me. I was pure bevor. Und ich sage: *Pjurr, like in pjurr alkoholico?* Und er sagt: *No, puro, like in puro católico.* Das alles in Worten, die undurchsichtig sind und unvordenklich albern. *Zo zamm Zings you have to say in Ottersprache, atterweis impossibbel, you know, ditt iss wie othering the otter, odärr witsche wärrsa.*

Ja, sagt Veronika, wenn du so weitermachst, hast du dich bald auf das schmale Brett von Sprache als Mittel zur Missverständigung runtergeschrieben. Ja, aber von Angst befreit. Weißte Veronika, Fremdheit und die Vermittlung der Scham, als würde man die Sprache nicht können und dennoch nicht aufhören zu fragen. So. Verstehst du? Sprache als Zweitsprache und als Quell von Peinlichkeit, von zu überwindender Fremdheit, und die erste Sprache und ihre dazugehörige Ichgeschichte bliebe erst mal liegen. Aufladung des Unbestimmten, Entledigung, Infantilität? Ja, aber nur ausnahmsweise. Denn wenn Fremdheit auch in die Sprache eingezogen sei, wenn Sprache in seliger Polyphonie ihren materiellen, spielerischen Gehalt enthülle, könne sich die Unsicherheit der Situation in ihr wiegen wie in einer Schaukel. Ein Übergreifen der Situation, nein, keine Entmündigung.

Oder aber gar nicht zu sprechen, das sei schließlich auch ne Möglichkeit. Gegen die Auslieferung, die in der Versprachlichung besteht, gegen die Aggression, die sich mit der Zumutung transportiert, die eigenen Wünsche auch noch in die eigene Sprache bringen zu sollen. Gegen den falschen Wortlauf, der wegreißen oder abstoppen will. Das falsche Wort ist kalt und zugig, sagt Veronika, es ist, als fände man sich bei nachlassender Innerlichkeit im kahlen Treppenhaus wieder. Immer dieser Ärger mit dem Rückbau – und seinen Kosten. Da soll es nicht hineingehn, dann schon lieber in die Verstockung. Schweigen mit Verstand.

Und Veronika kommt von draußen zurück, geht rüber zum Tresen, fegt die Flaschen, Ascher und Lichter runter und sagt: Na und, das ist eben meine Art, glücklich zu sein. Das alles trotzig eingefärbt und getragen von der Sicherheit, dass hier vorerst keine Sanktionen drohen, jetzt nicht, später vielleicht – dann heißt es möglicherweise, zahlen zu müssen. Aber jetzt noch nicht. »Denn woher den Seienden ihr Entstehen, da hinein sei ihnen auch ihr Vergehen, gemäß der Notwendigkeit, denn sie müssen Buße zahlen gemäß der Zeit Ordnung.«[33] Ein Opferritual, gleichsam ein Arbeitsritual. Hier melden sich Produktion und Reproduktion und die Handhabung der Zeitkonten. Es bleibt ein Opfer. Und habe, ach, schon aus der ästhetischen Zeit die Lebenszeit vertrieben und alles fest verzurrt, allein, es wird nicht besser. *Timing*, sagt Veronika und fügt hinzu: Mein Taxi wartet.

Doch was wird später noch passieren? Ist Reue die Währung, oder ist es Furcht? Sich selbst nicht mehr zu kennen, muss kein angenehmes Gefühl sein. Aber die Übergänge seien interessant, heißt es. Dann wollen wir (oh, das diagnostisch-therapeutische Wir) doch mal schauen, worin im jeweiligen Reuebecken die Multiples bestehen. Oder geht es im Zweifelsfall darum, dass es keine Reste mehr gibt? Das wäre allerdings schrecklich. Es hat sich ausgewuchert (nein, hat es nicht), weil alles *around* ist, losgeschickt, und nicht gut ist. Aber wenn es gut ist, dann ist es intelligent. Jetzt ist es dir endlich gelungen, jetzt weiß keiner mehr, wovon du sprichst, Veronika, du Keusche.

Veronika sagt: Wenn jemand gut ist darin, ist das doch ein sehr glückliches Arrangement. Oder wenn jemand neu ist, weil man es selbst ist, vielleicht. Sie denke an eine Person, die Komplexitäten handhabe, als ginge Kreide über eine Tafel, zack, zack, der schöne, so schöne Beweis. Schönheit. Eine Formel, die keine

Formel ist, weil sie darin besteht, sich selbst einen Schritt voraus zu sein. »*Beauty*«, schreibt Anne Carson, »*Beauty convinces. You know beauty makes sex possible. / Beauty makes sex sex.*«[34] Das wird gleich schmerzhaft. Ich weiß es schon heute. Oder wird erst damit anfangen, wenn ich es immer wieder will. (Wie kann ich das verhindern? Indem ich mein Vergnügen sanktioniere.) (Das ist das Gute an Sanktionen, die wenigsten wissen, dass sie a) völlig leer und b) geheiligt sind.) Wenn ich also nicht aufhöre. Oder wenn er aufhört.

»Wer das Schöne begehrt, was begehrt der? Dass es ihm zuteil werde.«[35]

Bewusstsein kann helfen, sagt die Dings. Es gilt, den Moment, in dem etwas beginnt, herzunehmen und zu markieren: Erinnere dich, und vergiss nicht, dass das, was du im Begriff bist zu tun, von deutlichen Wünschen begleitet wird. Dass du das, dass du also all das! in genau diesem Moment wolltest. Die janze *chose*. So beugen wir der Reue vor. Genauso kann Bewusstlosigkeit helfen, sagt Veronika. Ja, aber darüber sprechen wir jetzt nicht.

Sagt Veronika, sie spreche sehr wohl über Bewusstlosigkeit. Ja, das ist Veronika, immer am Abhang. Doch, dieser hinübere Typ, sagt Veronika. Das gehe an eine Grenze. Ich weiß schon. Wenn jemand kaum noch steht und schon alles zweimal erzählt, ja mir schon fast entgegenfällt, dann meldet sich das Bewusstsein von Möglichkeit, selbst wenn sonst weithin Depression herrscht. Das sei aber auch die schwankende, tastende Zartheit des komplett Hinüberen. Wie es auch so eine rührende (mich zumindest rührende) Form des Toxisch-Mimetischen gebe. Wenn die Bereitschaft zur Anverwandlung minütlich zunehme und hin und her schaukelnd mal die eine, dann die andere Seite der Kontroverse getränkt werde. Das stimmt. Und das stimmt auch. Und das stimmt schon wieder.

Aber was willst du denn, fragt der Freund von der Dings, mit jemandem, der so flüssig ist. Und wenn du heute Nacht um vier alleine in deinem Hotelzimmer aufwachst, dann wirst du mir noch dankbar sein. Nein, das sollte sich nicht als korrekt erweisen. Denn gerade in diese verstörten, halb erstarrten Phasen könne so jemand einbrechen und für immer im Gedächtnis bleiben oder, falls nicht, im Bewusstsein der Verpassung. Das seien lose Fixierungen. Mit lose meine ich zufällig, sagt Veronika, abzuschütteln sei das aber trotzdem nicht. Als würde etwas zwangsweise immer und immer wieder zurückgesetzt und käme nie an, will sagen: laufe kein einziges Mal durch. So etwas wie *memory-scratching*? Ja, genau, und ungefähr so musikalisch.

Dieser exaltierte Wuchs. Davon, davongegangen. Wie ich stecken blieb, in dieser Empfindung von Schönheit. Skibindung, du scheinheilige. Ja, Schlafen auf Skiern und immer hinab, diese lose Bindung an den Füßen. Und erst sehr viel später sei ihr klar geworden, dass es sich um Folgendes handele: *bedingungslose Liebe*. Das kann ja wohl nicht wahr sein, sagt die Dings. Das erfindest du jetzt. Stimmt. Jetzt erfinde ich es, sagt Veronika, aber damals, in diesem Moment, hatte ich es nicht erfunden. Erst später. Dann aber für früher. Für früher inwiefern, bittschön?

Ich will mal sagen: Lichtfülle. Die Wiederbelebung des Urlichts, das vor den Himmelskörpern geschaffen worden ist. Reine Erwartung. Letztzeitfülle. Und dann hört das Warten auf zu sein. Es ist, als würden alle Kapillare, alle und alles, mit Erwartung überzogen. Ein komplett gesättigtes System. Der Nerv der Differenz wird gezogen. Und merke, dass alle Gleichnisse dieser Tage vom

Ende her handeln. So handelt auch dies von seinem Ende her und
53 müsse als Rätselschrift von dort aus in Richtung des Anfangs gelesen werden. Und die Dings sagt, wenn man sich seinen eigenen Rätseln stelle, sei eigentlich kein Gedicht unverständlich. Wie jetzt, im Vergleich?

Ich verstehe überhaupt nichts mehr. Wir wollen heute Klippen bauen, *darling*. Da bist du jetzt aber wirklich unglücklich drübergefallen. Ach, das hast du nicht gesehen. Ja, das war grade eben vielleicht auch noch gar nicht da.

Und Veronika breitet die Picknickdecke aus und sagt: Unter uns gesagt, der neue Mensch, das war doch die Frau, oder etwa nicht? Dieser anrennende Körper, so ein räumliches Ungeschick, und immer gegen den Türrahmen. Das habe man schon an der Handschrift gesehen, dass hier jemand Schwierigkeiten habe, sich im Raum einzufinden und die eigenen Grenzen zu denken. Hier, nimm ein Glas und gib mir den Öffner. Lasst die Leute lagern. Ist die Luft nicht wundermild und der Tau so tröstlich …

NIGHT-CLUBBING

VERONIKA – *Am I Wrong To Hunger?*

»Man muss was haben, was man heftig verlangt, und sei's eine kurze Täuschung, ein Pferd zum Beispiel. Verlangen hält einen wach, sich täuschen ist besser als tot sein.«[36]

Und dann sei es so gewesen wie immer, sagt Veronika, das Herumstehen in Gruppen, nach der Eröffnung. Ihr sei anfangs gar nicht klar gewesen, was da überhaupt eröffnet worden sei. Es schien sich um die Wiederkehr des *Gothic* in der Verpackung von *Tupperware* zu handeln. Jemand sagte: *Kitchensink-Satanismus*, aber das sei ja eh nicht der Grund gewesen, warum sie das Haus verlassen habe. Auf der Schwelle, sagt Veronika, sei sie sich wie ein *cyborg* vorgekommen, provisorische Gemeinschaften und deren Konstellationen scannend. Mit einem libidinösen Blick-*Gadget* ausgestattet, zeigten sich ihr all die gebündelten Wünsche, die den Raum mit einem nur für sie sichtbaren Muster alarmierender Diagonalen versehen hatten.

Der Zuwachs an Information führte nicht zur Erleichterung. Wie das eben immer so sei, wenn sich in die Aufregung Befangenheit menge und die Möglichkeiten, sich zu verhalten, schrumpfen statt zuzunehmen. Und wer war das noch, fragt Veronika, der gesagt hat, Neurose sei das Gewahrwerden der Unmöglichkeit in allem? Weiß ich nicht, klingt wie Blanchot. Subtraktion. Jemand schreit: Jetzt.

Ein kurzes Fauchen, alles voller Fusseln. Keiten, keiten, keiten. Das ist also das Stottern in dem System, in dem man gewohnt ist, sich zu positionieren, und alles scheint in irgend so einem hypertrophen Gelee eingemacht zu sein. Weißt du, irgendeine Szene, irgendein Zusammenhang, in den man Ehrgeiz investiert und in der Vergangenheit bereits investiert hat und in dem man daher nicht dumm herumstehen möchte, sondern vielmehr klug und *lively* und *sociable* und brillant und auf die ein oder andere Weise erfolgreich. Genau darin nun ein blödes Bündel zu sein, ist natürlich einigermaßen unfair.

Das sei jetzt halt mal so ihre sehr persönliche Hölle, sagt Veronika. Wobei die perfekte Zeugenschaft der anderen auch eine Einbildung sein könne. *Stupidity*. Oh, so apropos, kommt eine dumme Schlampe mit Glitzergurt angeeiert, um ihr nach kurzem Geblinkere mitzuteilen: *Did you know it's Mental Illness Awareness Week?* Wirklich? Nein. Und dann habe sie natürlich nicht nichts getrunken.

Hier kommt das Kramige am Geheimnis hervor. Es sind die stümpernden Finger, die etwas zählen, der mehrfach an der Zunge befeuchtete Daumen, die eingefärbte Luft in einem Ladenlokal bei bereits heruntergelassenen Rouleaus. Kleine Augen hinter dicken Brillen. Einstweilen kommt es Veronika vor, als habe sie,

Zitat, eine Drecksplastikschürze um oder irgendwas andres, das im Rücken gebunden wird.

Eingelagert. Nicht aufsehen. Und das alles in geschlossenen Räumen, in denen geraucht wird. Ich weiß, Veronika, *it's a pain.* Mit dem Schal um den Hals und dem Bier am langen Arm. Der Körper ist da, der Rest ist fort. Dass man nach wie vor sagen könnte: Pass auf, *this is about love*, das handelt nicht von Dreck oder von Gier oder von fehlgeleiteten Wünschen, das handelt von der Liebe, davon, dass es kein Ende geben darf, obwohl es Enden gibt, dass es den Körper gibt, ein Gewicht und eine Trage, dass all das zu tragen ist, zu tun und mitzumachen ist, dass es gut ist, dass es schlecht ist, dass es anders ist mit anderen, dass es einen Rhythmus gibt und einen Takt und so viel da draußen, *yet to feel, to love,* zu tun und nicht damit aufzuhörn.

Und dann habe sie den anderen gesagt, sie käme später nach, eine lässliche Lüge, und sei mit seiner Gruppe mitgegangen, und seine Gruppe ging in einen Club (oder *Khlööpp*, wie der Franzose sagt). Wobei, das würde sie inzwischen auch nicht mehr so mitmachen, dieses obligatorische Aussondern, nur weil man etwas wolle.

Weißte, man hat ja den ganzen Quatsch im Gepäck, diese Nächte, in denen man alleine war, in denen man dachte, man werde im eigenen Kopf verrückt, die Hochfrequenzen, Nervositäten, die Unmöglichkeiten, überspannt in den Kissen als ausgerenkte Schlafakrobatin. Einmal habe sie alle Strippen aus den Buchsen gerissen, denn in den Wänden habe sie den Strom fließen hören, wie etwas, das nicht aufhört und sich doch verbraucht, unerträglich. Und dann stehst du da, vor ahnungslosen Türstehern, die Katastrophe im Anschlag. Inzwischen habe sie sich aber daran gewöhnt, sich immer schon das Schlimmste auszumalen, bevor (!)

sie aus dem Haus gehe, und das habe sich als durchaus hilfreich herausgestellt.

Herumstehen, und mit einem Mal habe sie gewusst, dass sich die Sache füge. Am Nebeneinander, an den *topics*, und weil es ja einen Grund gehabt haben müsse, warum auf einmal alle über Maßlosigkeit und Sexualität sprachen. Jemand sagte: Ich koche Suppe, kommt doch mit. Keiner kam mit. Ach, wenn das doch ginge, diese Idee von Häuslichkeit, dass man zumindest irgendwo wäre, wo es Türen gibt, Stühle oder Vorhänge oder Betten. Die Wildnis des häuslichen Lebens.

Was man nicht alles machen muss, um endlich mit jemandem alleine zu sein. Zuerst tranken wir den kleinen Anderen und dann den großen Anderen unter den Tisch, sagt Veronika. Und das alles auf der Basis von Vermutungen. Aber da es schließlich nichts anderes gegeben habe (außer der Möglichkeit von Enttäuschung, die Veronika, wie sie sagt, eh unablässig mitdenke, man wolle ja gewarnt sein, innerlich), habe diese unsichere Annahme so gut getaugt wie jede andere.

Wie bei Descartes, wenn man sich im Wald verirrt hat ohne die geringste Ahnung, in welche Richtung man gehen soll, dann geht man am besten geradeaus, weil das auch nicht schlechter sein kann als alles andere. Oder bei Robert Frost, wo es heißt: »*The best way out is always through.*«[37]

Also habe sie beschlossen zu bleiben, bis alle anderen weg wären. Gut, dass ich so viel vertrage, sagt Veronika. Ja, das war schon immer das Gute an dir, das Vertragen. Aber wie das immer so ist, man fühlt, dass sich etwas bewegt, und weiß nicht, ob man nicht schon längst in die Verblendung hineinschlittert oder ob das die messianischen Wehen sind, die das Herannahen der Glückseligkeit ankündigen. Und dass die anderen entweder woanders hingegangen seien oder ihnen schlecht geworden sei, das habe ja auch was geheißen. Das sei dann das Glück gewesen, ah, wieder einmal das. Und dann seien alle anderen weg gewesen, außer ihnen beiden, prästabilierte Harmonie.

Ein Wegwerfsofa, darin hätten sie gelungert. Kaum auszudenken. Weißt du, weit zurückgelehnt, die Sichtachsen fast gemittelt, den Hals überstreckt. Und wenn man stumm bleibt, wenn das Zusammensein also nicht mehr sprachlich normalisiert wird, dann dreht sich mit einem Mal der Gedanke herein, es könnte alles möglich sein. Das sei das Plastischwerden des Raums, in dem Nähe und Distanz schon spürbar neu verhandelt werden. Es stülpen sich neue Kongruenzen ein oder aus. (Stülpen, Veronika? Bitte, das kann man doch schöner sagen, was soll das denn sein, eine sich ein- oder ausstülpende Kongruenz?) Dass er so aussieht wie ich, sagt Veronika, diese eigenartig überdrehte Brüderlichkeit, ein unvergessliches Welpengefühl und das Erstaunen über die so unnötig dürre Vergangenheit: Wo warst du nur die ganze Zeit?

Tempowechsel. Dass es hier eine Ruhe gegeben habe, was für eine durchgeknallte Dramaturgie sei das gewesen. Große Formen, etwas passiert. Eine Erschütterung, in eine massive Form gegossen und darin in einer Frequenz nachklingend, die man gar nicht hören könne. Sein Blick habe ihr nichts genommen und nichts hinzugefügt, und sie habe darin gelegen wie in einem außerirdischen Mobile ... Veronika? Ja, wie in einem außerirdischen Mobile habe sich darin das Begehren um sie herumgebreitet und langsam zu drehen begonnen. Und zwar im Raum! Und mit gondelnden roten und schwarzen Trapezen dran. Schwer und leicht zur gleichen Zeit!

Als sei all das, was jetzt noch kommen sollte, darin bereits aufgeho-
59 ben, wie eine zugespielte *preview*, als millionenfache Möglichkeit, als Fülle schon darin. Alles: das Wissen, die Übereinstimmung, das Eingeständnis des Mangels. Ich zeige ihm jetzt meine Bedürftigkeit, habe sie gedacht und aus dieser Art von emotionalem Exhibitionismus in der Tat Lust bezogen. Die Unterbrechung der Logik des Mangels, die Erregung, das Ja-Sagen. Alles. Eine extreme Dichte, eine Statik, in der eine ungeheure Beschleunigung wohne – die die Statik ist, die die Beschleunigung ist.

Noch zwei Minuten länger und sie hätte den Dramaturgen gefeuert, sagt Veronika. Alles sei weiterhin stumm und starr geblieben, aber dann seien die Köpfe umgebettet worden, ein angedeutetes Lächeln, das auf halbem Weg stehenblieb, Atem, seine Augen, seine Lippen so groß und direkt. Unvergesslich sei das gewesen, das habe sie sofort gewusst, obwohl es ja noch gar nichts zu vergessen gegeben habe, zu diesem Zeitpunkt. Bis hier sei ja noch gar nichts passiert gewesen. Diese unfassbare Jugend. Und ein Pathos in diesem offenen Blick, wellenförmig, trauerförmig, bloßgelegt, angehalten. Der erste Kuss sei kaum eine Berührung gewesen, eher wie etwas zu streifen, und das versehentlich. Den Effekt, den diese leichteste Berührung ausgelöst hatte, habe sie dann umgerechnet und zurückgegeben im nächsten Kuss, der schon eine Überschreitung gewesen sei: die Grenzen des Austauschs verrückt. Das sei nichts anderes als Information. Mut, Entschlossenheit, Bedürftigkeit. Penia und Poros, weißte, was ich meine?

Dann hätten sie wieder nur nebeneinander gelegen, die Köpfe, einander abgewandt, als stünde man an der See in starkem Wind und müsste diesen Sensationen Auslauf geben und sie in der Ferne toben sehn. Um dann aufs Neue zu beginnen. Auf einer höheren Ebene des Einverständnisses. Stärkere Instrumentierung und der Einsatz des Baritons. Oder der *bassdrum*. Wie man will.

Knutschen in Clubs, habe sie dann gedacht. Verdammt. Ihre Hüfte sei heruntergerutscht, klirrende Flaschen, und eine Stelle sei freigeworden, die ihm offenbar gefallen habe, die Gefällstrecke, auf der ihr Brustkorb in die Taille hinunterfährt. Da hätte er dann im Folgenden seine Hand gehabt, auf den Rippen, am Übergang. Alles überstreckt. Und weiter auf den Boden. Dann habe seine Hand, räuspert sich Veronika, über dem BH unter der Bluse auf ihrer Brust gelegen, und das sei so die Situation gewesen, eine andere habe es nicht gegeben, und insofern sei daran auch nichts zu ändern gewesen. Und inwiefern das peinlich sei, darüber habe sie schon, aber dann auch wieder nicht nachgedacht.

Dann habe sie etwas gehört, was sie immer wieder hätte hören wollen. Dieses leichte, tiefe, wie summende Winseln. Unendliche Versprechen seien in dieser Frequenz gewesen, in diesem Ton, dessen Vibration sie durch seinen Brustkorb gespürt habe. Echt, ein Geräusch, als würden die Körper Kontakt zueinander aufnehmen und man selbst hätte gar nicht mehr dabei sein müssen. Als spielten wir keine Rolle mehr, ausgeschaltet und *connected*.

Es habe einfach weitergehen müssen. Das sei schon auch schrecklich gewesen. Inwiefern? Auflösung. Auflösung und Gewissheit. Dem habe sich eine unendliche Rührung und der endgültige Zusammenbruch ihrer Körpergrenzen angeschlossen. Weißt du, was Levitation ist? Hast du das mal gehabt? Und dann in der dunklen Kammer sein und den Verstand von außen sehen.

Irgendwann habe es eine Lücke gegeben. Bleib so, habe sie sagen wollen und dass sie gleich zurück sei, und als sie nach kürzester

Zeit wiedergekommen sei, sei alles, alles anders gewesen. Stell dir vor, alle waren zurückgekommen und haben mich angeschaut mit dem überheiteren Grinsen der Mitwisserschaft. Das Ende. So muss es sein, wenn man in einen Buñuel-Film zurückkehrt, so und nicht anders.

Warum seid ihr zurückgekommen, habe er noch in die Runde gefragt, ja, wir konnten ja nicht wissen, dass ihr, nein, ja, stimmt, das nicht. Und wann seid ihr zurückgekommen, wollte er wissen, und sie habe gesagt, sie wisse es nicht, und jemand anderes: Nein, du kannst es nicht wissen, und sie sei dann noch mal nach vorne zur Bar gegangen und habe *gin tonics* gekauft für alle. Dann sei es aber schon hell gewesen, und er habe sie ein letztes Mal geküsst, weil jetzt auch alles egal gewesen sei. Und soll ich dir sagen, was am Ende doch noch schön war? Die Tatsache, dass sie mit dem Vorderreifen nicht in die Straßenbahnschienen gekommen sei, da, wo es immer so bergab geht.

Das träumerische

Zwischengeschoss

Ich höre sie schon, die Klage über die Verluste *in the making*. Das muss alles notiert werden, denn die Anschauung ist so durchlässig geworden. Es wird immer schlimmer. Was ich abends erlebe, wird im Schlaf gelöscht. Die Namen. Die versprochenen Gedichte, die gebrochenen Versprechen. Ich versage als Liebende, weil ich mich nicht an Namen erinnere. Und nicht an Gesichter. Wie das wechselt. Ich erinnere mich nicht einmal mehr an Düfte. Wobei, ich erinnere mich doch, und ich wüsste nicht, welche Strafe auf das Riechen an Redakteuren stehen sollte. Veronika schreit von der Fensterfront her, von dort, wo die Kopierer stehn: Ich weiß es, doch ich sag es nicht. Die Verwechslungen hören nicht auf. Aber das macht ja nichts.

Und es wird alles überdeutlich, ja, ein durchsichtiges Verfahren und eines, das in seiner simplen Flächigkeit nicht nur gefällt: der hingestellte Affekt. Ein wenig so, als hätte man sich etwas Ruhe

erwartet und am Ende doch nur in Kleidern geschlafen, ein ver-
63 wirrter Trost, wie wirre, feuchte Haare oder die Temperaturunterschiede auf der Kopfhaut. Ich kann dir auch ein Abschiedsbuch schreiben, wenn du willst. Schon fließen die Tränen. Willst du meine Organe haben?

Veronika sagt, in einer labilen, kippeligen, dünnhäutigen, halbnassen, schmiegsamen Minute: Ich wollte immer etwas, das lieb zum Leben ist. Wie, lieb zum Leben, wie meinst du das, lieb? Mit sehr schönen Beinen, mit so weichen Augen. Mit Mut, der aber nicht durch Grobheit abgefangen wird, sondern durch Zärtlichkeit. Mit so schönen Beinen und einem Glockenrock darüber. Und erklärte mir, wie man einen solchen herstellt. Veronika sagt: Diese Freundlichkeit ist gemeint, und ja, ich kenne sie, denn ich habe sie gekostet, und sie war stark und süß und wild.

Das sei eigentlich ganz einfach. So einfach wie die Selbstvergewisserung, sobald die Sonne aus dem Wolkenschatten hervortritt: ein leichtes Aufmerken, eine neue, mir gerechtere Höhe in der Welt. Der einfachste Kontext: das Licht. Das, was Pferde fühlen, witternd bei erhobenem Kopf. So einfach. Bleibt dies aus, spricht man von Depression. Veronika sagt: Schreib mir ein Trostbuch. Schreib mir ein Buch der guten Schonung. Taktvoll. Stark und gleichzeitig dezent. Und ich sage: Ich bezweifle, dass ich das kann. Und Veronika sagt: Wenn nicht, dann nicht, und schon habe ich sie wieder verloren.

Denn *»he who strongly feels / behaves«*[38]. Dann mach das mal mit deinem kühlen Herzen, Veronika. Sag mir etwas wie: *This is about love.* Das handelt von Liebe. Das hier?? Nein, das. Das Ganze eben. Das handelt nicht von Blödsinn oder Dreck oder was auch immer. Und ohne Angst um den eigenen Kopf mit dem Rad durch die Stadt, vorbei an der Stelle, an der ich beschleunige, dort, wo es bergab geht. Es gibt etwas Gutes in der Gegend um das Naturkundemuseum in Richtung Westen, ich weiß noch nicht, was.

Indes die anderen dann wieder auf dem Mäuerchen am Parkplatz, *bumpers* mit *stickern* dran, im Licht der Autoscheinwerfer, und die Anmerkung, es sei schwierig, etwas darüber aussagen zu wollen, wenn man den Eindruck habe, auf einer leeren Fläche herumzustehen, und alles, was es an Gefühlen gebe, sei irgendwie kopflos und verdreht. Es gebe eben keine herausragenden Protagonisten mehr. Ist es das nun schon: das Unternull der Romantik? Romantik hat nichts damit zu tun, und bei Gelegenheit wird Veronika dem Freund von der Dings auch erklären, warum Tangoimport *bullshit* ist.

Ja, da lacht Veronika: Ich mit meinem winterlichen Herzen, ein Dreck. Das sind die Temperaturen von Entfremdung. Ich will mal sagen: Thermopapier, und in einer Demutssitzung mit dem Kulli jeden einzelnen Buchstaben der alten Faxe nachzufahren. Eine sich selbst löschende Korrespondenz. Dann aber schon für die Hinfahrt ein Taxi genommen. Anders habe sich die Angst nicht mehr bewältigen lassen. Überall mit dem Taxi hin. Und weil sie sich geschämt habe, habe sie sich nie vorfahren, sondern immer nur bis zur Ecke bringen lassen. Geld? Genau, Geld.

Terror oder Tragödie – das sei der Unterschied zwischen dem, zu was man fähig sei, und dem, was einem passieren könne.[39] Ich setze an zum großen Monolog. Papperlapapp. Moment, irgendjemand muss den Blödsinn schließlich auch moderieren. Wir hätten jemanden von der Straße nehmen sollen, der hätte es ebenso gut gemacht. (Erinnerst du dich nicht, Veronika? Wir *haben* jemanden

von der Straße genommen!) Ich habe das alles im Sammler ge-
65 speichert, daran siehst du: Es bleibt unspezifisch und allgemein,
es liegt auf dem Laufwerk für alle.

Ja, ich glaube schon, dass sich die Ahnung einer Katastrophe wie Fülle anfühlen kann, sagt die Dings auf Nachfrage hin zu Veronika. Wenn alle offenen Pole gesättigt sind mit dem, was sicherlich am schlimmsten ist, stellt sich der Eindruck einer hoch energetischen Einheit her. Sobald die Katastrophe eingetreten ist, sind die Details zurück, und die Dinge treiben eine Komplizenschaft mit den Affekten, die einem Beklemmung verschafft. Hier, diese Flasche habe ich gekauft, als mein Leben noch ein anderes war. Doch zuvor treibt mich die feinstoffliche Neuausstattung durch die Straße wie eine Woge. Das ist selbstverständlich komplett falsch gedacht, eine Mischung aus Panik und Kitsch. Dann denke ich an Pfützen, etwas, das übrig blieb, an die verschiedenen Versionen des Regens, an Ampeln, an bestimmte Straßen in Moabit. Und das Wetter, das irgendwie immer gerade nicht gut ist.

AUF ETWAS ZU – *Make It A Good Story*

Dass es Wünsche gibt, dass es einen Antrieb gibt, ist offenbar. Dass man Wünsche verfolgt, wenn man sie einmal hat, ist menschenmöglich, ist verständlich und liegt in gewisser Weise in der Natur des Wunsches. Das Ausmaß der Verfolgung hat mit Mut und Ermutigung, mit Vernunft und Unvernunft zu tun. Am Anfang steht das interesselose Wohlgefallen, am Ende die *idée fixe*.

Und als Kugelmensch hätte man es da auch nicht viel einfacher gehabt. Denn der Verlust der vorzeitlichen Einheit des Ursprungs ist Folge einer gescheiterten Rebellion dieser Rad schlagenden und mit acht Extremitäten ausgestatteten Wesen. Warum und wogegen die überhaupt hätten rebellieren müssen, in ihrer Perfektion, fragt Anne Carson sehr richtig: »*Was it the case that the round beings of his fantasy remained perfectly content rolling about the world in prelapsarian oneness? No. They got big ideas and started*

rolling towards Olympus to make an attempt to the gods. They
67 *began reaching for something else. So much for oneness.*«[40]

Die bestrafende Trennung bringt einen Verlust hervor, der von da an als Sehnsucht neu begegnen wird. Zeus geht im Übrigen mit einer effizienten Hausfraulichkeit vor: »Dies gesagt, zerschnitt er die Menschen in zwei Hälften, wie wenn man Früchte zerschneidet, um sie einzumachen, oder wenn sie Eier mit Haaren zerschneiden.«[41] Das ist der Ursprungsmythos, auf den nach Aristophanes die Vereinigungssehnsucht der begehrlichen Liebe zurückzuführen ist. »Von so langem her also ist die Liebe zueinander den Menschen angeboren, um die ursprüngliche Natur wieder herzustellen, und versucht, aus zweien eins zu machen und die menschliche Natur zu heilen.«[42]

Das sei doch mal eine gute Geschichte, die Implantierung eines vorzeitlichen Verlustes, an den sich eine immerwährende Suche anschließt. Ja, ich weiß, es gibt mehrere davon. Und wir alle sind seither in die Nachträglichkeit hineinkatapultiert. Das verbürgt Sinn, das entrollt sich, das bindet den Mangel und gibt ihm ein Gesicht. Die ganze Überbewertung der romantischen Liebe, sagt die Dings, komme daher, dass dieses *script* so leicht zu verstehen sei. Eine Bewegung auf etwas zu, da muss man kaum noch was machen, das schreibt sich wie von selbst. Und Veronika überläuft die umgekippte Bestuhlung, nimmt sich das Mikro und schreit in die Menge der Übriggebliebenen: *Things that are easy to think, but meaningless!*

Wenn ich kurz unterbrechen darf: Lassen Sie uns auf jeden Fall festhalten, dass es mithin glücklicher macht, sich bewusst zu sein, dass man manches einfach nicht oder sogar überhaupt nicht hat – anstatt anzunehmen, dass es einem eigentlich zustehe und nur (aus reiner Bosheit, vermutlich) vorenthalten werde.

Das dunkle Geheimnis in der Vorzeit, das ist eine Sache für mein taumelndes Gattungswir. Die Entscheidungen der Gegenwart erleiden eine Entwertung, da der Motor aller in der Vergangenheit vermutet wird und von dort aus deren Zukunft zu bestimmen scheint als eine, die eigentlich schon feststeht. Vereinigung ist in dieser Perspektive als das nachträgliche Ungeschehenmachen einer Trennung zu denken – und genauso erscheint das Kugelgleichnis bei Freud, in »Jenseits des Lustprinzips«; und er spekuliert weiter, ob man Platons Annahme folgen sollte, »dass die lebendige Substanz bei ihrer Belebung in kleine Partikel zerrissen wurde, die seither durch die Sexualtriebe ihre Wiedervereinigung anstreben«[43].

Die gedämpfte und gedrehte Perspektive: Wenn alles Leben Lust will, dann will es nicht voran, dann will es zurück. Das entspricht der Idee einer katastrophischen Genese der Triebe, in der der Lebenstrieb sich mit dem Todestrieb vermählt und das Leben letztlich als Umweg zum Tode betrachtet wird. Zerstörung kommt, so gedacht, einer Ausdehnung gleich. Auch das Organische sei einer stetigen Zusammenfassung in immer größere Einheiten unterworfen. Der Weg zurück ist der, der volle Befriedigung garantiert. So kann das Leben als »eine Ruhestörung von kosmischem Ausmaß« erscheinen.[44] Ich kenne Gedichte, die so sind, voller Neid für die unendliche Seinsfülle dessen, was es gibt. Und Dankbarkeit wäre in dieser Hinsicht nur die schale Kehrseite des Neids.

Die traumatische Halbierung, der bei weiterer Aufmüpfigkeit der doch schon genug Geteilten eine weitere angedroht wird, schreibt in den Begriff, der das Produkt der Teilung fasst – und das ist der Begriff des Symbolon –, eine Form der Sehnsucht ein, die der Symbolbegriff vorher so nicht kannte.[45] Seither ist das Durchsausen der Signifikanten förmlich zu spüren, und wie wir immer wieder die Lücken aufführen, in unserer schabbeligen Bilderklitsche. Rudert, Leute, rudert.

Manche Leute zum Beispiel, sagt Veronika, hätten zu dieser Splittergruppe gehört, die auch noch als Halbierte die Götter herausgefordert hätten und zur Strafe noch mal getrennt worden, das hieße also, in vier und mehr Teile zerfallen seien. Und das, lass mich raten, sind die, die in die Gruppen gehören? Genau. Super Veronika, der Mensch als Puzzle. Oder Starschnitt, schlägt der Freund von der Dings vor.

Ja, aber das Beheben eines Mangels muss ja nicht notwendigerweise eine Komplettierung zur Folge haben. Natürlich könnten Wünsche kipplige Situationen vervollständigen, aber wenn der Ursprung des Wunsches dunkel ist, bleibt es auch sein Ziel. Veronika sagt: Du kannst natürlich dahinterkommen, aber wo bist du dann? Denn auch dann, wenn man die Intervalle, die am Anfang der Entstehung eines Wunsches stehen, in immer kleinere Intervalle unterteilt, muss das nicht unbedingt Klarheit zur Folge haben. Diese Ungewissheit hat keinen mildernden Einfluss auf Stärke und Dringlichkeit des Wunsches. Im Gegenteil lehrt die Erfahrung, je unklarer die Herkunft eines Wunsches, desto stärker und unauslöschlicher seine Forderungen. Vielleicht, weil das Ziel in Bewegung bleibt?

Das Warum ist mithin eine Frage, die sich zwar stellt, aber nicht stillen lässt. Es gibt keine Maßstäbe, und es sollte doch welche geben. Man fragt sich: Wie kann es sein, dass die ganze Sache in einer völligen Unverhältnismäßigkeit untergeht? Das Wuchern des Phantasmas auf der einen Seite und das fragile Versprechen der Lust auf der anderen, eine Erwartung, die doch den Motor des Phantasmas darstellt. Beide arbeiten Hand in Hand, aber nicht unbedingt gleichberechtigt.

Das muss doch schließlich im Verhältnis bleiben, meint die Dings. Es kann doch nicht sein, dass ich etwas so lange schon und so stark haben will und es dann nicht bekomme. Sonst hätte ich mit dem Wünschen doch gar nicht erst angefangen und vor allem nicht so lange damit weitergemacht. Es kann doch nicht sein, dass es das gewesen ist. Was soll ich denn anfangen mit den Resten? Was fang ich damit an, wenn ich es nicht mehr brauchen kann? Veronika sagt: Schmeiß es weg. Ich schmeiße.

Doch wohin führt es, wenn trotz Einsicht in die Unmöglichkeit der Wunsch nicht verstummt? Das wäre dann die Implosion der Urteilskraft – der Bezug auf Welt misslingt. Übersinnliches Substrat *goes boink*. Aber ist es nicht so, Herr Kant, dass die Urteilskraft ihre Arbeit an der Übereinstimmung eh nur wegen des Schönen ableistet? Was soll das denn jetzt heißen? Dann ist das Schöne ja das Eine und das Andere. Gift und Gegengift – eine ganz treffliche Droge. Jetzt wird mir alles klar. Das war es dann wohl mit dem freien Spiel der Erkenntniskräfte. Das Subjekt mal wieder ein Abgrund, das Begehren ein hysterisches Maschinchen, das Nichtbefriedigung hervorbringt, ohne zu wissen, warum.

»Was geschieht denn jenem, dem das Schöne zuteil wird? Da sagte ich (Sokrates), auf diese Frage hätte ich nicht sogleich eine Antwort bereit.«[46]

Hilfskonstruktionen bieten sich an: jemanden oder etwas wollen, weil man es so stark haben will, weil man es schon so lange will, dass man ihn, sie oder es irgendwann einfach nicht mehr nicht wollen kann. Das alles sind keine qualitativen Gründe. Aber schon bald ist der Wunsch ein Begleiter, und selbst der Mangel fühlt sich an wie ein zweites Paar Arme, auf das man nicht mehr verzichten will. So geht es weiter und offenbar in eine bestimmte 71 Richtung. Wunderlich, das.

»Allen Kontinuitäten eignet das Paradox, dass sie wohl in ihren Ursprüngen vollkommen arbiträr sind, dass es vor ihren Teleologien jedoch kein Entrinnen gibt. Wir kennen das so gut aus der Erfahrung dessen, was wir mit einem hübschen Oxymoron als unser Liebesleben bezeichnen, dass die literarischen Entsprechungen des Phänomens kaum der Demonstration bedürfen.«[47]

Make it a good story. Woran bemisst sich eine gute Geschichte, wenn es meine sein soll, fragt Veronika. Nach der Verabschiedung der authentischen Formeln zur Selbstbemessung gilt es, nicht unter das eigene theoretische Niveau zu fallen. Das sollte bedeuten: Kontextualisierung, Situierung, Jemeinigkeit und Auslockerung. Günstig ist es, Formen der Selbsterklärung zu finden, die in beide Richtungen wirken, sowohl nach innen als auch nach außen. Schulterzuckend etwas anmerken wie: Nun, ich hatte dann schon mal damit angefangen – und im Hintergrund rührt sich die Frage, die aus der Projektwelt genauso bekannt ist wie aus der Welt der Projektionen: die Frage nach der letzten Investition. Letztlich handelt es sich um eine messianische Frage, aber das hatten wir ja schon gesagt.

Ja, *Love is a Narrative Impulse*, wie es sehr richtig im Titel eines Gedichtes von Sarah Manguso heißt. Das ist es, was Veronika meint, wenn sie verkündet, dass sie sich (schon wieder) so narrativ fühle. Eins nach dem andern, aber bitte nicht aufhören. Das ist die Vorgaukel der Unausweichlichkeit. Dort, in den Gründen der Mischung schwanken unsichere Verkörperungen, die vielleicht schon morgen nicht mehr tragen – oder es ab morgen endlich tun. Gewiss muss ich nur noch das Letzte herbeischleifen. Denn dasjenige hinzuzufügen, was jetzt noch mangelt, muss zum Ziel führen. Falls nicht, wäre ich ja gezwungen, den Beginn meines Scheiterns weit zurückzudatieren und mich so mit einer Verfallsgeschichte auseinanderzusetzen, an deren Ende mein dünnes Jetzt stünde. Nein, das kann nicht sein. Das Umschlagen von Zielstrebigkeit in Verblendung will ich nicht denken müssen.

Es ist sicher nur noch eine einzige Anstrengung zu machen, und das, was dunkel dir scheint und roh, ist nur das letzte Stück des Wegs. »Wächter, wie lange noch die Nacht? Wächter, wie lange noch die Nacht? Der Wächter spricht: Es kommt der Morgen, aber noch ist es Nacht. Wenn ihr fragen wollt, kommt ein andermal wieder.«[48] Max Weber empfiehlt, im Folgenden an die Arbeit zu gehen, vorher allerdings den jeweils verantwortlichen Dämon zu identifizieren, denjenigen also, der des eigenen Lebens Fäden hält, und ihm zu gehorchen, so werde man der Forderung des Tages gerecht.[49]

Es ist ja nicht so, dass es einfach passiert. Ich hatte mir das so oft erzählt und bin die Etappen immer wieder durchgegangen. Ich hatte die Geschwindigkeit, die Temperatur und den Verlauf bestimmt und später weiter und weiter verfeinert. Ich hatte alles im Voraus gefügt, mich in Details gehüllt und andere abgestreift. Aber wer ist schon Ichs genug zum Fügen? Erst begann es an den Rändern zu reißen, dann entglitt mir das Mittelstück, und schließlich schlug auch noch das Ende fehl.

Es muss ja keine gute *story* sein – oder muss es nicht doch eine gute *story* sein? Man hat es nicht in der Hand, heißt es. Aber in gewisser Weise hat man es doch. Da erscheint das Mitlaufen des Verstandes wie ein Hündchen, immer an der Außenkontur der Entscheidung entlang, hastig, jetzt hinkt es, jetzt springt es, ein

Hündchen Dreibein mit einwärts gedrehtem Kopf, das sehen
73 will, was vor sich geht, aber weder sieht noch versteht. Das Bild mit dem Verstand als hinkendem Hund, das lehne ich übrigens ab. Nein, keine Chance. Doch wenn die große, wenn auch falsche Energie einer großen, wenn auch falschen Sache nicht mehr zur Verfügung steht, wird die Welt wie transparent. *End of story.* Aber vorher will ich Konflikte sehen, Umbau, Austausch, Reflexion.

Na, wo gibt es denn noch so was wie die Würde des falschen Affekts, fragt Veronika. Wenn dazu gehört, dass jede Möglichkeit zur Entscheidung vorerst suspendiert ist. Das heißt, nicht denkbar ist, aber auch nichts anderes denkbarer wäre als das. Erst jetzt wird mir klar, was die Dings meinte, als sie sagte, sie wolle die Würde des Klagens zurück. Etwas abgeben, im schwarzen All gehalten sein und kein Zurück. Bestenfalls die Ton-in-Ton-Abschattungen der allein vorherrschenden Emotion. Diese Raben, übersetzte ich, immer vergesse ich, dass sie existieren außerhalb von Literatur.[50]

Dass es seltsam sei, sagt Edgar, der Protagonist von Godards letztem Film *Eloge de l'amour*, wie Dinge an Bedeutung gewönnen, wenn die *story* langsam zu ihrem Ende komme. Er spricht zu Berthe, der Frau, die zu lieben ihm nicht gelingt, was nicht zuletzt mit einem Projekt zu tun hat, von dem er nicht sicher ist, ob es sich um einen Film, ein Theaterstück, einen Roman oder eine Oper handelt – das in jedem Fall aber ein Projekt zum Lob der Liebe ist. Das liegt daran, dass dann Geschichte beginnt, antwortet Berthe.

Im Leben wäre man nicht gut beraten, wenn man die Zukunft allein unter dem Blickwinkel betrachtete, was zu einer guten Geschichte führen könnte, und eine Person, die sich selbst in bestimmten

Situationen für unverwundbar hielte, weil ihr Leben andernfalls keinen Sinn hätte, gäbe Anlass zu Sorge und Spott.[51]

Vom Ende her besehen, ist das kein Problem. Der Nachruf kann das alles einer Revision unterziehen und eine Kongruenz herstellen, die das Leben so gar nicht kennt. Die Grabrede geht zwar schrittweise vor, aber kann nun mal nicht leugnen, dass ihr das Ende bereits bekannt ist. So wie die Apokalyptik die Dinge vom Ende her betrachtet und mit revisionistischem Zungenschlag noch ausstehendes Unheil bereits als unausweichliches vorführt und eine Welt im Futur 2 erschafft. Gründlich verdrehte Gefühle sind das und eine Narration, die falsche Kontinuitäten knüpft und so tut, als sei alles schon beschlossen – wobei dem Sentiment nichts bleibt als der Versuch, verschlossene Türen einzurennen. Als hätte es nicht anders sein können. Es hat aber, sagt Veronika. Es hat.

Wenn ich jetzt als ein Beispiel von vielen sagen würde: Wir konnten damals noch nicht wissen, dass diese beiden Wochen auf der Insel das Beste gewesen sein würden, was wir je erreichen sollten – dann kann ich das tun. Aber wem wäre damit geholfen? Davon abgesehen, dass es mit tragischen Dingen zugehen müsste, wenn ich in der Tat in der Lage wäre, das wahrheitsgemäß zu behaupten.

Das Glück, so die griechischen Tragöden, sei nicht anders zu bestimmen als retrospektiv – was aber, wenn es sich außerhalb des Zugriffs der Narration befände? Öffne die Kammern der Hölle, öffne die Kammern des Glücks. Die Leitdifferenz zwischen Seligkeit und Qual liegt in der Behandlung von Einzelheiten. Große Gefühle, triviale *trigger* – warum, fragen wir uns, hat unser Ausflugswir das nicht ordentlich dokumentiert? Weil Seligkeit nicht ausreichend über Differenz verfügt? Ja, dann schick das Ausflugs-

wir doch bittschön noch ne Weile in die *éducation sentimentale*,
75 sagt Veronika.

Dabei hätte das alles funktionieren können, und es blieb letztlich unklar, worin der Mangel wirklich bestand. Was, was das alles?, fragt die Dings, oder sprichst zu schon wieder schnurstracks vom Leben, Veronika? Ich spreche von der Geschichte, von der guten *story*. Ob es Geduld oder Ungeduld war, ob die Fülle in die Quere kam oder die Lücke, das bleibt abzuwarten, bis das Gegenbild, das die Vorstellung entwirft, die Leinen losmacht und damit seinen korrigierenden Einfluss auf Fragen der Realisierung davonsegelnd ein für alle Mal verspielt. Das wäre aber traurig, sagt die Dings. Sag ich doch, sagt Veronika, also hört auf, so darüber nachzudenken.

Am Ende waren es wohl auch die unterschiedlichen Geschwindigkeiten, die das Vorgestellte von dem trennten, was mehr hätte sein wollen als das. Ja, bitte, das ist nun ihr lang erwarteter Einsatz und gewiss nicht ihr letzter, Herr Rilke: »Nein, nein, vorstellen kann man sich nichts auf der Welt, nicht das Geringste. Es ist alles aus so viel einzigen Einzelheiten zusammengesetzt, die sich nicht absehen lassen. Im Einbilden geht man über sie weg und merkt nicht, dass sie fehlen, schnell wie man ist. Die Wirklichkeiten aber sind langsam und unbeschreiblich ausführlich.«[52] So langsam sind die Schmerzen, so langsam. Das ist diese pendelnde Verletzung (ein hoher Ton, der näherkommt), ohne die es offenbar nicht mehr gehen kann. Veronika sagt: Das lehne ich ab. Ja, das haben wir uns schon gedacht.

Alle Verwicklungen scheinen daher zu rühren, dass sich etwas vorzustellen nicht ausreicht. Warum drängen Wünsche auf Realisierung? Warum genügt es nicht, sich etwas vorzustellen? Dass es mir passiert – ist das denn so wichtig? Eine Möglichkeit bestünde vielleicht in einer Art von psychischem Fotorealismus. Mimesis, Anähnelung. Oder Tarnähnlichkeit, bietet Veronika an. Im Kopf wäre es passiert, aber nicht in der Stadt.

Und wenn es wirklich so wäre, wie man einmal gedacht hat, dass das Anästhetikum lediglich auf die Nervensubstanz unserer Erinnerung wirkt? So empfände man die schrecklichsten Schmerzen, doch später, aus der Narkose erwachend, könnten wir uns nicht daran erinnern.[53] Warum willst du auch immer mit deinem Körper dabei sein? Gäbe es denn noch etwas anderes? Da darfst du mich nicht fragen, sagt Veronika. Ich bin auf der Seite der Realisierung, und immer gewesen.

Wenn die Kutsche kippt

Wünsche, die ihre Erfüllung in nächster Nähe sehen, setzen sich ab aus der diffusen Allgemeinheit des Wollens. Dann erst machen sie ihr Ultimatum konkret und nennen die betreffende Straßenecke. Denn die Wunschstruktur ist schließlich nicht komplett irrational und außerdem immer genauso gut informiert wie man selbst. Dennoch sind anfangs die unterschiedlichsten Rituale zur Verschleierung dessen vorgesehen, dass einer des anderen Ziel sein könnte.

Da kann es mir vorkommen, dass die Preisgabe meiner Wünsche die vorübergehende Negation meiner ohnehin instabilen Identität bedeutet. Jetzt wissen es also alle. Aber im Gegensatz zur multidimensionalen Spiegelung, die meine Gruppe an dieser Stelle aufzuführen bereit wäre, repräsentieren diese Alle ein unterkontrolliertes Außen, ein vages und unleserliches Terrain. Ja, das gurgelnde Aufschäumen von Scham, etwas quillt von innen nach außen. So entstehen Beteiligungen, eingepreiste Erwartungen und die Idee, dass es nun definitiv an der Zeit wäre, das Passwort zu ändern, oder findest du nicht?

Jetzt guck nicht so entsetzt. Wie soll sie denn deiner Ansicht nach gucken, wo sie gerade herausgefunden hat, dass die schnellste Verbindung zwischen zwei Punkten der Sturz ist. Und die Vitalisten unter uns behaupten, dass mit jedem einzelnen Fall die Minusvarianten dominanter würden und sich im Abgrund träfen, um dort gelangweilt mit Lebensmitteln zu spielen. Das wird alles, alles sinnlos und erscheint notgedrungen als eine Einübung ins Nichtwollen. Veronika aber sagt: Abfuck – im Gegenteil.

Doch warum ist das so? Weil ein missglückender Versuch peinlich ist? Weil es peinlich ist, wenn andere wahrnehmen, wie die libidinöse Kutsche kippt? Und du herausrollst mit deinen Reifröcken, Gladiolen und Dekoelementen? Die Differenz zwischen dem, was man will, und dem, was man bekommt, ist ein prekärer Pfad, auf dem das jüngste Selbstbild immer wieder neu justiert werden muss.

Ähnliche Fragen stellen sich an die Wünsche, die man der eigenen Produktion anpasst oder umgekehrt. Du musst besser ... Mir scheint, du hast keine Ahnung von dem, was du tust. Und auf deinem T-Shirt steht zu lesen: Ich tu nur so. *I'm fake*. Es ist nur noch eine Sache der Zeit, bis es alle bemerkt haben werden. Ich frage mich, wie lange du das noch aufrechterhalten willst.

Die Ungleichzeitigkeit der Wünsche – das teilen sich die Produktion, die Idee und die Arbeit an ihrer Verwirklichung mit dem erotischen Interesse. Entschuldigen Sie bitte, sagt Veronika, ich war an einem bestimmten Punkt meines Interesses fixiert. An welchem

Punkt? Das sage ich nicht. Hier werden ab jetzt keine Fragen mehr beantwortet. Die Strategie müsse heißen: abblocken, ausweichen. Alles leugnen. Ich will ja nichts. Heißt das jetzt rauf oder runter mit dem Visier? Beides wohl. Ich sage jetzt gar nichts mehr.

Denn auch hier trifft der Vorwurf des Gewollten. Also, ich fand den Text extrem gewollt. Ja, das war ja ein regelrechtes *Ambitionierten-High-Noon*. Siehste, schon wieder. Man spürt, wo er hinwill, aber nicht, dass er da ankommt. Beschämend, das alles. Und all die Beharrlichkeit nützt nichts, solange der Kontext nicht sitzt.

Um den realen *output* herum hat sich ein wolkiges Gemenge erhoben, und je mehr du mit den Hufen rührst, desto undurchsichtiger wird es. Was gehört schon zur Produktion dazu und was noch nicht? Wo hört die Vorbereitung auf? Das Einteilen in Phasen ist ein Einhaken und Aushaken, dem man nie ganz entgehen wird – nicht immer ist es so offensiv trostlos wie in dem Satz, dessen Äußerung das Atelier zum abgehalfterten Speicher des nicht mehr länger Brauchbaren werden lässt: Seitdem ging gar nichts mehr. Schlechtes Phasenmanagement. Veronika sagt: Genau das ist der Grund, warum man das nicht einmal denken darf.

Scham und ihre Überwindung können als ein Modell künstlerischer Produktion fungieren. Scham zielt nicht auf Partiale. Scham will alles. Scham *is what you are*, wohingegen Schuld *is what you do*, heißt es. Scham bewirkt eine schallgeschwinde Bewusstwerdung der eigenen Position, vielleicht die schnellste, wenn auch nicht unbedingt die schönste von allen. Eine Aktualisierung innerhalb eines Kontextes, dessen Regeln einen schon durchdringen, bevor man sie denken kann.

Doch wenn man den irritierten Bildern nachgehen will, müssen sie erst einmal da sein. Und man kann davon ausgehen, dass dort, wo Scham ist, immer auch noch etwas anderes ist. Diese ungeheuer präzise Anrufung, in der die gekannten Handhabungen obsolet werden. Da es momenthaft kein Instrument gibt, mit dem sich jene Formlosigkeit, die Einzug hält in eine bislang sozial wie auch immer kontrollierbare Situation, fassen ließe, muss eben eines erfunden werden.

Und am Ende, am glücklichen Ende, ginge es darum, den Kontext nicht nur zur Standhaltung der eigenen Persönlichkeit hin geöffnet, verschoben zu haben, sondern auch etwas gemacht oder geschrieben zu haben, das eine andere Prüfung besteht, die so nichts mehr mit mir zu tun hat. Zwar musste mit dem Kontext auch das Eigene revidiert werden, aber das kann durchaus hilfreich sein, wenn es um eine Findung geht, die man selbst so noch nicht kannte. Wir wollen schließlich weitermachen.

Bleibt nach wie vor die Frage: »Was geschieht denn jenem, dem das Schöne zuteil wird? Da sagte ich (Sokrates), auf diese Frage hätte ich nicht sogleich eine Antwort bereit.«[54] Falls es dann glückt, wenn es also nicht klappt, sondern glückt, dann zeigt sich eben doch wieder, dass die Gunst sich nicht herbeizwingen lässt und entweder dem Begehren zuvorkommt oder seinem Verlöschen nacheilt. Gunst, hieß es irgendwo, sei eine Triebfeder, die nicht von außen bewegt wird. Der Rest ist Arbeit.

DAS GLATTE oder: Die Ausweitung des Monologs

»Verlassenheit überholt«, schreibt Elke Erb.[55] Und auf eine Antwort zu warten, die immer wieder nicht kommt, poliert. Der glatte Kiesel. So viele Briefe habe sie an seine Adresse geschickt, sagt Veronika, und sich immer wieder gewappnet für die Erschütterung, die seine Antwort, wenn sie dann gekommen wäre, in ihr gewiss ausgelöst hätte. Es kam aber nichts. Sie habe aber auch nicht aufgehört. Das, was sie tat, sei ihr irgendwann so vorgekommen wie der glatt geküsste Zeh des heiligen Petrus mit den Schlüsseln, von Wünschen poliert. Von da an sei alles nur noch schneller an ihr abgeglitten, ein anorganisches Verhältnis. Etwas, das stumm und starr steht, eine Statue. Ach, dieses Glatte. Und immer noch süchtig nach eben jener Schönheit. Pass auf, sagte die Dings, du wirst ihn noch überlaufen. Aber habe ich das nicht schon längst?, fragte Veronika. Und: Ist das noch Hingabe oder schon blanker Übermut? Ach, diese Idee des Durchdrehens, mit der Aussicht, dass einem jemand entgegenkommt, das sei doch eigentlich das Schönste. Und falls nicht, was dann?

Es gibt eine Ermöglichung, die im Ausbleiben liegt. Wenn gar nichts passiert, scheint sich die Leere plötzlich mit Eigenschaften von Fülle auszustatten. Nachdem das Warten auf Etwas abgelöst worden ist von dem Vertrauen auf Nichts, kann sich eine spielerische Unverfrorenheit einstellen, die nur noch eine Richtung hat und keine Angst mehr kennt. Alles in die Verwertung, schreit Veronika, wenn die Verwertung in diesem Fall auch nur die stumme Gewissheit keiner Antwort ist. Das sei ein Gefühl, ein bisschen wie der Moment bei der Krähe (Veronika spricht vom Yoga), in dem unter Anspannung der Schwerpunkt kippt und die Füße, die Beine sich wie von alleine vom Boden lösen. Auch das unterfüttert mit Vertrauen, bis sich eine selbstreferenzielle Beziehung bildet, sich die Leere einstülpt. Man könnte sich das fast als Zimzum vorstellen, sagt die Dings, nur eben, dass dabei nichts entsteht.

Entsteht denn wirklich nichts? Ich denke an den stummen Analytiker und seine rein phonetisch verbürgte Aufmerksamkeit: hm. Hm. Hm. (Ja, dein Analytiker ist stumm, aber ist er auch taub?) Da schaukelt jetzt etwas am Scheinwerfer, ne, ähm, heißt denn das, Dingensleuchter, nein, Kerzenleuchter – und ich sehe, mich zuwendend, im hingerissenen Augenwinkel rasante Schatten über die Decke flitzen, die immer gerade schon wieder nicht da sind. Nein, sagt Veronika, das sei nicht zu vergleichen, denn hier bestünde eine Beziehung, eine bezahlte Beziehung nämlich. Ganz anders hingegen: der weggeschwemmte Adressat.

Der weggeschwemmte Adressat. Das ist eine Mutation, sagt Veronika, und meine neue Genügsamkeit ist auch eine Mutation, die

ich nur zur Kenntnis nehmen muss. Dennoch: Sie habe nicht
83 umhin können, seine Stoik zu bewundern. Wenn es letztendlich auch nur eine komplett *realistische* Sensation gewesen sei. Genau, realistisch sei der richtige Begriff. Die gesamte Darbietung hätte etwas von Wissenschaft als Rummelplatz oder Showlabor gehabt, in der Art, in der es auch Showküchen gibt: ein experimenteller Aufbau, der nichts zeigen soll, als dass es Trost nicht gibt.

Die Dings sagt, da könne sie ebenso gut mit einem Tier kommunizieren, so groß sei der Unterschied gar nicht. Das, was mir als der aus meiner Ansprache bezogene Reichtum erscheint, spiegelt einfach nur die Höhe meiner Projektionsleistung wider. Ach, diese tiefen Augen, als könnte ich auf den Grund schauen und dort mich selber taumelnd gehen sehen. Und über Wochen hin habe es sich wirklich angefühlt wie Kommunikation. Dann sei ihr klar geworden, dass es sich nicht mal um ein Tier handeln müsse, auch ein lieb gewonnener Gegenstand biete eine ähnliche *performance*. Das Ding, das ich liebe. Am Ende tut es auch die Wand.

Wenn die Energie, die ich hineingebe, und die, die ich daraus beziehe, in keinem Verhältnis mehr stehen, was ist das? Schönheit? Dummheit? »Das verzogene Treusein einer Gewohnheit, / der es bei uns gefiel, und so blieb sie und ging nicht«? Die Gruppe rührt sich nicht. Da scheint wohl etwas zu fehlen. Dann war es wohl doch noch nicht genug. Solange der Mangel konstant bleibt, kann ich mich darin einrichten, sagt Veronika. Nur das böse Gradiva-Ding sollte dann, wenn möglich, ausbleiben, andererseits, wenn der Andere »ohne Vorwarnung von einer Verhaltensweise zur andern übergeht, von der intimen teilnahmsvollen Zärtlichkeit zur Kälte, zur Stille, zum Abschied«[56], dann seien das, sagt Veronika, nichts anderes als emotionale Dehnübungen, und man wisse nie, wann man das noch mal brauchen könne.

Hierfür zum Beispiel: Als Erstes habe es angefangen zu regnen. Oha. Doch gehüllt in seine Gefühlsarmut (Gefühlsarmut war zu diesem Zeitpunkt nur der Name eines grünen Anoraks) trifft sie kaum ein Tropfen. Dann kommen die Treppen, die geht sie im Flug. Du weißt, sagt Veronika, wie schnell ich sein kann. Ja, ich weiß. Sein Auge indes immer am Waldrand. Immer schattig, immer unter Nadelbäumen. Ein Picknick, etwas essen. Dunkelgrün. Das Licht und die Drogen dazu. Sein leichter Körper geht nicht schlafen. Nie. Sein Körper beginnt am eingedrehten linken Unterarm und geht dann nach oben weiter und auf der anderen Seite wieder runter. (Das nur am Rande und gemäß der Theorie, dass jede Person woanders anfängt. Veronika behauptet von sich, sie begänne am Kinn.)

Wie langsam die Enttäuschung schleicht, das habe sie mehrfach dargestellt, das könne sie an diesem Ort unterlassen. Und Schuld, nein Schuld träfe gar nicht zu, all das sei wie im Schlaf erträumte Erregung, von der dem Tag nichts bleibe. Die reine Enttäuschung. Er habe, wie gesagt, einen kühlen grünen Hof und transparentes Sperma. Und eine Mischung aus Scham und Großzügigkeit hindere sie bislang daran, ihn zu hassen. Gefühle wie aus dem Lehrbuch. *Na, kiek ma eener an.*

Am besten sei es allerdings, wenn das alles nur für die Dauer einer Regenhusche vor sich ginge. Wenn es aufhörte zu regnen, hörte man auch damit auf. Wie man sich überhaupt, sagt Veronika, wann immer es möglich ist, nach dem Wetter richten sollte. Dann käme schließlich auch der Körper zurück.

Andere geben an, sie hätten in diesem besonderen Fall alle Überlegungen ausgelassen und seien einfach dazu übergegangen, die betreffende Person gut mit Drogen zu versorgen und gegebenen-

falls zum Bleiben zu überreden. Das Glas dürfe niemals leer sein,
85 und – was immer sie will, besorg es ihr. Du musst sie auflösen, rät der Freund von der Dings. Veronika sagt: Das klappt nie.

Aber was wäre denn die Alternative? Manipulation? Aber will man das denn? Mein Gott, sagt Veronika, du kannst auch eine Ratte dressieren, aber alles, was du dann hast, ist eine dressierte Ratte, verstehst du? Und zudem befänden wir uns ja mit dem Begriff der Manipulation schon nicht mehr auf dem Betriebsfeld der Rhetorik, nein, da gehe es um magnetische Heilverfahren, magischen Schabernack und zuletzt auch, mit dem mittelfranzösischen Wort *manipule*, um Pharmazie: so viele Kräuter, wie man auf einmal mit der Hand fassen kann. Und damit, so Veronika triumphierend, wären wir ja wieder beim Einweichen. Ein Zeichen, ein Zeichen – einweichen, einweichen.

Und außerdem solle man doch nicht im Ernst daran glauben können, dass es am Beginn einer Beziehung um den anderen ginge, denn es ginge immer nur um einen selbst, um sich selbst – jedoch um den Bezug auf den anderen gesteigert. Das sei eine Form der wiederholten Selbsthabe, die sich den andern nur zunutze mache. Alle, so der Freund von der Dings, erlebten in dieser Hinsicht erst einmal sich selbst, und das krisenhaft erhöht. Das sei ein ebenso grandioses wie strapaziöses Missverständnis, und irgendjemand müsse es den Menschen sagen. Das hast du ja jetzt, sagt Veronika, und der Freund von der Dings nickt, darf ich sagen: nickt etwas verloren? Ja, wenn dein Herz dran hängt.

Müsste man nicht einfach nur genauer hinsehen, das finden, was hinderlich ist, und es beheben? Ja, vielleicht. Da seien beispielsweise die unterschiedlichen Geschwindigkeiten der jeweiligen inneren Apparate. Ihrer sei ja nun sehr schnell. Deswegen sei er auch umso schneller immer wieder zurück, um sich aufs Neue aufzuladen. Das manchmal jahrelange Abkühlen ihres inneren Projektors sei daher ganz einfach zu erklären, und die Personen, von denen sie diese Energien endlich abgezogen habe, begegneten ihr fürderhin als Gespenster oder sonstwie unzeitige Zwischenwesen. Weißt du, Addition durch Subtraktion. Noch nicht wieder ganz menschlich und wie digital nachbearbeitet. Den *cursor* im Menü Filter: *blur, blur more, smart blur*. Aber sie wisse natürlich, sagt Veronika, dass es sich um eine optische Brechung handele, die ihre Wahrnehmung von Grund auf einfärbe und nur noch abgefälschte Bilder liefere, ändern könne sie daran momentan allerdings nichts.

»Um es unmissverständlich zu sagen: Jeder Versuch, zwischen Innenwelt und Außenwelt zu trennen, führt in die Irre. Das Entscheidende ist ja, dass das Substrat Ihrer Erfahrungen sich nicht in den Gegensatz von innen und außen auflösen lässt, sondern ein Medium zwischen beidem ist.«[57] Bleibt die Frage: Was ist zwischen wem? Und was kommt danach?

Geisterhaft ist das Durchtorkeln der Objektträger, wenn sie einmal aus der Arbeit an der Projektion entlassen sind. Das Ganze wird nun eine Fabrik, in der es immer nur bis *hier* geht, immer nur bis hier, aber da birst die Maschinerie, dass es eine Blendung hat. Ach, Sie stellen sich das nicht vor, wie es da aussieht, und wenn es aufhört, steigt weder Rauch auf noch fällt ein Vorhang. Hinweise auf ein Ende geben allein die Momente an der Torkel.

Das ideale Objekt, einmal entlassen aus dem Chemielabor deiner Einbildung, scheint kaum mehr real, ja kaum mehr menschlich zu sein. Die Zurichtung oder Verletzung oder Kappung (entscheide

87 dich, meine Liebe), die die Sublimierung immer auch ist, scheint genauso überzugreifen auf den Ex-Dämon. Der würde selbstverständlich alles leugnen und hätte damit nicht Unrecht. Es ist ja nur die strandende Ansteckung deiner beharrlichen Projektionsleistung, Veronika.

Die Erinnerungen an die Zeit, in der sie durchdrehte, wenn sie sah, wie er ein Tier streichelte, wo es ihr einen Schauer versetzte, wenn, spazierend in der Dämmerung, ihre Schatten sich streiften. Spitze Schreie, Werkstoffkunde, etwas aus Materialien, die sie sich gar nicht leisten kann. Eine Idee von Gewalt. Und den Brustkorb voller Estrich. Dann das alles mit Photonen beschießen. Dann ein Kontrastmittel spritzen. Dann die Fließgeschwindigkeit messen und Gegenfeuer legen, oder wie wäre es mit einer therapeutischen Sprengung?

Hier sehen wir den Protagonisten deiner zunehmenden psychischen Entmischung, schattenhaft und überdeutlich zur gleichen Zeit. Und später *(»when we meet again, introduced as friends, please don't let on that you knew me when I was hungry and it was your world«)*[58] umgibt ihn ein inaktives Halo, aber nach wie vor ein Halo. Eine Person kann in dieser Phase eine wie flirrende Opakheit erreichen, die man sich gar nicht vorstellen kann, wenn man sie nicht mit eigenen Augen gesehen hat. Veronikas Augen sind übrigens beige, kryptobeige sozusagen. In der Modeindustrie wird diese Farbe Dschungel genannt. Nein, Tabak. Nein, sie heißt Dschungel. Tabak. Dschungel, du Arschloch.

Mit etwas aufhören also oder: etwas gewesen sein. Etwa so, wie Donald Bergers Gedicht *Ex-Poet* beginnt: *»I think I'd like to be an ex-poet / as certain people are ex-marines // I made this decision / only this morning / and up to now it's feeling / good, like when you* *know never to / flee with someone, because you love them so much / and it would take a marine to convince you otherwise.«*

Ja, bis jetzt fühlt es sich gut an.

89

Die apokalyptische Wiederauflage der Wünsche oder: Das Zombiekapitel

Und was kommt, nachdem gar nichts mehr geht? Ganz richtig, dann kommt die Wiederholung. Ich habe den Eindruck, ich wiederhole das, was ich nie getan habe. Wir treten hinaus aus der Formlosigkeit und hinein in eine passagere charismatische Gemeinschaft und spüren befristet Befriedung. Auf den Fuß folgt die Möglichkeit der (oder der Zwang zur) Wiederholung, sobald die Linderung nachlässt.

»Nichts anderes beabsichtigen die Kulte. In ihrer immer sich wiederholenden Begehung sollen die über Leben und Tod bestimmenden Geschehnisse inszenatorisch aktualisiert, die in ihnen als wirkmächtig angenommenen Kräfte beschworen und nachgespielt werden, um ihnen einen Überleben und Heil sichernden Verlauf zu geben. Indem sie Realerfahrungen mit dem als wahrhaftig geltenden Ursprungsgeschehen verbinden, sind Kulte und Mythen aber rational und irrational zugleich.«[59]

Ja, wenn das ein Lied sein soll, dann muss ich diese Zeile wiederholen, muss ich die Verzweiflung wiederholen, diese Szene wiederholen, diese Antwort wiederholen. Liegt denn das Glück in der Wiederholung, oder was liegt da überhaupt? Nur mal so zum Beispiel, sagte Veronika, sie sei da dann wieder hingegangen und später wieder und dann immer wieder. Und meistens habe sie nur in der Ecke gesessen und gewartet und zugesehen, wie sie, die andere, sie immer wieder ... Gedemütigt hat?, biete ich an. Ja und nein, es sei eben so: *You feel yourself so much stronger, in humiliation.* Gedemütigt verstärke sich das Ichbild, werde deutlicher, und man könne es nach Hause tragen. So sei das. Und weißte, wie gemalt! Die ganzen Wunden wie gemalt! Das sei hohe Kunst. Nein, gebe ich ihr recht, das kann nicht jeder.

Und die Erfüllung des Begehrens sei natürlich nicht dessen Stillung gewesen – und Langeweile habe als Antwort keine Gültigkeit gehabt. Hach, das kann ich mir gar nicht vorstellen. Aber Kleider, die dir nicht mehr passen und nichts anderes zum Anziehen haben, das wiederum kannste dir vorstellen. Aber ist es denn wahr? Bleibt das denn konstant? Handelt es sich dabei um ein Problem des Wollens oder um eines der gespiegelten Wollungen?

Ein Wunsch kann sich zuweilen selbst aktualisieren. Aber der Wunsch hatte seinen Platz in einer ausbalancierten Logik von Mangel und Folgerichtigkeit. Wenn der Mangel überwiegt, wird die Folgerichtigkeit porös und kann nur noch um den Preis einer Täuschung aufrechterhalten werden. Es kommt vor, dass sich ein Wunsch nicht mehr akualisieren lässt, ohne dass man Abstriche auf der Seite des Intellekts machen müsste. Die Lächerlichkeit, die darin besteht, an ein veraltetes Habenwollen anzuknüpfen, indem ein Wunsch über die richtige Stunde hinaus weiterverfolgt wird, lässt Scham aufschäumen, ohrenbetäubend. Sturheit und *stupidity.*

Das nicht mehr Sublimierbare, das ist die Dummheit. »Den
91 Irrtum verneint man und tilgt man. Zur Dummheit sagt man ja, man sieht sie, wiederholt sie und leise wünscht man sich gänzliches Eintauchen.«[60] Aber hier gibt es nichts mehr außer Blöße, und den dazugehörigen Pool, den gibt es schon gar nicht.

Aber was, wenn er sich doch erfüllen sollte? Wer? Der Wunsch, der konservierte, der erstarrte, der in sich selbst hineingestülpte Wunsch, der Wunsch von vor drei Jahren, der ältliche *cyborg* an meiner Seite – was dann? Es scheint, als kollidiere darin eine alte Treue mit einem neuen Selbst. Und müssen wir nicht irgendwie integer bleiben, oder einfach nur gegliedert? Woran will man denn anschließen? Etwas sehr stark gewünscht zu haben, ist kein Grund, es sich zu nehmen, wenn man zwar könnte, aber der Wunsch nicht mehr pocht. Darüber muss man sich klar sein. *Timing*, sagt Veronika, und setzt hinzu, dass das im Übrigen auch für Lebensmittel gelte.

Als es dann doch noch mal passierte, hatte es zwei Seiten. Eine gute, glatte, nachbehandelte. Etwas wie Hülle statt Narbe; wobei man Narbe eigentlich gar nicht mehr schreiben könne, sagt Veronika, es sei denn als Schmucknarbe, aber da müsse dann echt ein Fachmann ran. Oder steht dir der Sinn nach ernsten Komplikationen? Nein, jetzt nicht. Das könnte aber was für später sein. Lass mich zusammenfassen: Wunde darf ich nicht sagen, Narbe darf ich nicht sagen, aber Trauma geht, oder was? Ja, Trauma darfste sagen, jederzeit. Und was – *to add insult to injury* – ist mit Schmucktrauma? Das wirst du dann schon noch sehen, du geschontes Ding, du.

Zombiert und wiederaufgelegt. Unfassbar. Auch jetzt noch. Wir sprechen von einer Zeitspanne so wuchtig, als habe ein ganzes Leben dazwischengelegen. Als seien wir zuvor tief eingedrungen in die epische Zeit, in der alles, was von Wichtigkeit ist, in einer unzugänglichen Vergangenheit begraben liegt. Ein katastrophisches Zeitmaß, für das gilt, dass zwischen der Zeit, in der der Sänger das Epos aufführt, und der Zeit des Epos Äonen liegen. Es knackt. Die Flügel. Die Flügel. Die Gelenke. Es knackt. Es knackt die Gelenkte. Später knackt dann die Gehängte, *but first things first.*

Moment, geht es eigentlich immer noch um den Franzosen? Welcher Franzose denn, will Veronika wissen. Es ist hier doch nie um einen Franzosen gegangen, oder? Nein, der Franzose sagte (auf Französisch): Was ich fühle, muss ich tun, und heiratete eine Synchronschwimmerin. Er ging als »der brave Mann vom Beckenrand« in die Geschichte des französischen Schwimmsports ein, und nichts konnte seine Wonne trüben, wenn auch seine schüchternen Vorschläge zum Ausbau der ein oder anderen Choreo: Schwimmt doch mal Erdbewegung als Sinnbild von Verlassenheit, kaum je auf offene Ohren trafen.

Hier passiert nun aber dennoch etwas anderes – oder seinesgleichen. Das steht noch zur Debatte. Nach dem jahrelangen Ausbau der Wünsche, den Höhen der Erwartung, dem Entgegenhungern nun also das: ein plötzliches Entgegenkommen. Etwas spät will ich meinen, wie eine Treue aus Weltraumschrott. Oder wenn Veronika es beschreiben soll: wie eine Jause am Ende eines langen Aufstiegs, nein Abstiegs, was auch immer. Nein, wie das lichteste Einverständnis in einen Wunsch, der beschwerlich war, wie das Graben eines Tunnels, als stünde man da mit dem ganzen schweren Gerät, dem Helm, den Striemen, dem geschwärzten Gesicht, den Arbeitsschuhen, und dann käme der Herr im hellen Sommeranzug einfach mal so von der Seite herangeschlendert: Bin außen rum gegangen und dachte, ich komme

Ihnen jetzt doch entgegen. Und das nach zwei Jahren untertags, 93 schlagende Wetter, ruinierte Fingernägel, Staublunge.

Nachdem sie so lange über sein Begehren nachgedacht habe, sei sie zu so einer Art Billigflaggen-Zenmeister geworden. Jetzt könne sie endlich sagen: Das macht nichts. Als würde jemand davongehen, zwei Strohsandalen auf dem Kopf (kein Mensch, der das versteht) – aber der hätte die Katze vielleicht noch retten können.[61] Veronika sagt: Es macht nichts. Und sie sagt es wieder und wieder. Ich erfreue mich daran. Nur irgendwo sehr weit hinten, knapp über dem dunklen Horizont, ist ein winzig kleines Männchen ohne Beine hingemalt, und das hat noch eine Hoffnung. Männchen, sagt Veronika, Männchen, pass auf, das Licht geht, und du findest nie wieder nach Hause.

Die andere Seite war die einer kosmischen Ironie. Har har har. Das heißt, es war die Erhabenheit des Geringen, die revidierte Erwartung an die Gottheit, »welche nicht kommt hinter dem Feuer, nicht hinter dem Donner, nicht hinter dem Sturmwinde, sondern die endlich kommt mit einem linden, leisen Wehen«, (was nahelegt, dass) »das sanfte Zeichen erhabener als ein majestätisches« ist.[62]

Sagt die Dings: Aber wir wollen nicht vergessen – das ist, nachdem sein Prophet Elia gerade ein echtes Gemetzel unter vierhundertfünfzig Baalspriestern angerichtet hat.

Ein leises Wehen, still, kaum mehr als ein Hauch, als geriete nachträglich etwas ins Lot, oder besser: in die Balance. Nach diesem langen, leeren Ausklang. Nach dieser Brüchigkeit und Verstockung, in die das eingebogen war. Treue zweiter Ordnung, schlägt die Dings vor, aber das könne sie nicht überzeugen, sagt Veronika. Es handele sich eher um etwas Großflächigeres, so etwas wie: Keiner weiß, wie weit die Gesellschaft von ihrer Verständlichkeit entfernt ist, minimal oder gewaltig. In einer Hinsicht sei das komplett verständlich, weil seit Jahren erdacht, und in einer anderen überhaupt nicht verständlich gewesen, weil ebenso lange ungeschehen.

Sagen wir also (wir, mithin das rhetorische Wir, das über die Schwächen innerhalb der Argumentation via Vereinnahmung hinwegzutäuschen sucht) (was ja eigentlich ganz nett ist) (seien Sie also hierbei unser Gast, ich geleite Sie zum Tisch, und was möchten Sie trinken?) – sagen wir also, es hatte mit Frieden zu tun, als wäre es nun möglich, Frieden zu machen, nach diesem Rennen, diesem irren Lauf, und Frieden mit dem Nachdrehen in die Verödung, aus der kein rechter Anfang mehr herauszulösen war. Aber das liegt mir nicht, sagt Veronika. So bin ich nicht, sagt Veronika. Ja, wir haben es geahnt.

Unschuldig sei sie gewesen. Endlich. Endlich und wirklich. In diesem einen Fall sei sie wirklich unschuldig gewesen. Das war wie ein Blütenschauer, ja, wie ein Sprühregen, zart, unschuldig, Minze und Flieder. Ja, da seien noch ein paar Sachen herumgelegen, aber dafür habe doch sie nichts gekonnt. Es sei doch klar, dass sich nach einer so langen Zeit des Nichthabens noch Sachen auf dem Speicher befunden hätten – oder im Keller, wenn man so wolle. Das seien die untoten Anteile des Begehrens, das ihre stumpfe, wenn auch kraftvolle Wiederformierung. Das ist genau der Moment in *Land of the Dead*, in dem die Zombies lernen, den Fluss zu überqueren. Und alle kommen hinterher. Das müsse man einfach gesehen haben.

Es sei ja so: Im Gegensatz zum Lebenden habe der Zombie den Vorteil, Beschädigungen nicht als schmerzhaft zu empfinden. Wo das menschliche Gehirn Schmerzreize verarbeite und als Warnung vor künftigen Schmerzen katalogisiere, herrsche beim Zombie stumpfe Empfindungsarmut. Daraus speise sich eine gewisse Überlegenheit, die seiner mangelnden Wendigkeit zur Seite eile. »Verletzungen werden gar nicht registriert und verhindern demzufolge auch keinen Angriff. Selbst wenn der Körper eines Zombies schwer in Mitleidenschaft gezogen wurde, greift er unermüdlich weiter an, bis nichts mehr von ihm übrig ist.«[63]

Es wird keine Energie auf Regenerationskräfte verwendet, alle Wunden bleiben während der Reanimation erhalten, irgendetwas in ihm scheint noch zu leben, nennen wir es Instinkt, Reflex, oder nennen wir es ausnahmsweise, mit Blick auf das oben beschriebene Projekt: *unconditional love*.

Und selbst sein Geruch habe sich gedreht. Ja, ist das denn noch glaubhaft? Doch, die voll verdrehte Skala. Und dann haben wir endlich wieder die fluchende Veronika, die wir so lange vermissten: Was für ein dreckiger Dealer das sei, und sie habe sich auch noch gefreut, gefreut wie ein Kind. Wenn die nett sind, sind sie tödlich, so sähe das nämlich aus. Und jetzt noch zwei von denen, aber diesmal bitte richtig kalt. Dass die das nicht hinkriegen, die Sachen mal so richtig runterzukühlen, das kann doch nicht so schwer sein. Und zum Kellner, lümmelnd in der Nachsaison, mit tödlich gerunzelten Brauen: Oder ist irgendwas an Ihrer Kühlung kaputt?

Sie habe sich in der Tat über das Falsche gefreut wie ein Kind, das von Bösem nichts weiß. Jetzt übertreibst du aber, meine Liebe. Nein, genau so sei es gewesen. Da habe jemand diese fatale Form der Fixierung reimplantiert und sie sei davongehüpft wie über eine Blumenwiese, trällernd. Tee Err Äää Ell Ell Eee Err Enn Dee.

Die Ponys senkten da zurecht ihre Schnauzen tiefer in den Klee, und keines schaute auch nur ein einziges Mal auf.

Diese Ausgelassenheit habe allerdings irgendwann ihre Materialität geändert. Dann habe sie geschrien, sich zwischen parkende Autos und in Hecken geworfen, als hätte ihr Körper jede Zerbrechlichkeit abgelegt. Doch noch immer sei es ihr unklar gewesen, ob sie zum Zombie geworden sei oder vielmehr ihr Körper oder ob ein untotes Begehren in ihr erstanden und angesprungen sei wie ein Motor und sie nun seelenlos vor sich hertreibe. Ach weißte, Veronika, ich glaube, mit dem Geist-Körper-Dualismus kommst du bei der Zombiesache nicht wirklich weiter. Veronika beharrt, eine sowohl körperliche als auch körperlose Energie sei das gewesen, völlig abgekoppelt vom Bewusstsein, ein paar Wochen habe sich das gehalten, dann hätte sich das Aufbocken dieser immateriellen Muskelstränge schließlich wieder gelegt (Animation und Reanimation).

Sie habe dann den Abgang aufs Neue einstudiert. Doch selbst im gekonntesten Abdrehen, sagt Veronika, habe es noch die sehr gezielte Angst gegeben, dass einer auf der Schwelle sich umdrehte, sie ansähe und sagte: Der hier war nur für dich, ich gehe jetzt und schließe ihn weg. Als würde man Kafkas Prozess mit Zombies neu verfilmen. Und da käme eine ganze Herde dieses entrechteten und bewusstlosen Packs in allen Stadien körperlicher Desintegration angestampft, dass das ganze Bild ins Vibrieren gerate. Hörst du es, du kannst es unter deinen Füßen spüren. Jetzt bleiben sie stehen, wittern. Na, auf zum Gericht! Ja, das wäre jetzt auch mein erster Vorschlag gewesen.

Und so laufen sie wieder an, bringen die schwere Masse ihres nekrösen Gewebes unaufhaltsam in Bewegung. Und dann wird als

Erstes der erste Türhüter plattgemacht und dann der nächste und dann der übernächste, diese ganze Stapelware von Türhütern wird plattgemacht, und dann geht es kreuz und quer durch die Gänge und bröckelnden Wände dieses zusammengezogenen, auf Enge reflektierten Gehäuses. Und Bartleby läuft ganz vorne mit, das Lied von der Bedingung der Erfahrung und dem Erfahrungsverbot johlend. Dann hätte es sich endlich mit der Negativzeit, und dem restlichen Kopistenpersonal wäre auch längst der Garaus gemacht. *Ah, Bartleby. Ah, Humanity.*

Und schließlich habe sich der Aufruhr auch gelegt. Merklich stiller stellt sich nun die Frage: Was tun wir denn, wenn wir die Hypostase des Subjekts nicht mehr betreiben? Wenn sich Identifikationen nicht anders als erleiden lassen? Da sagte Veronika, auf diese Frage hätte sie nicht sogleich eine Antwort bereit. Weißt du, die Verschwendung des nicht mehr Brauchbaren ist auch ein Abgrund. Da nicken die Zombies, denn das kennen sie aus eigener Anschauung. Wollen wir los? Ja, wir wollen.

Suchtwirkungen

Veronika sagt, Fassbinder habe gesagt, er hätte gerne einen schnellen Wagen. Und er hätte keine Lust, den Wunsch zu haben und keinen schnellen Wagen. Und genauso sei das jetzt auch. Wo hat Fassbinder das denn gesagt? Im Fernsehn. Ach Veronika, du Kind, du.

Dann sei ihr klar geworden, dass es sich um ein substanzielles Problem handele. Man habe gesagt, dass Liebe ein anderer Name für die Verschwendung unserer Existenz sei und ein totales und entgrenztes Ich schaffe, das die Ethik der Dosierungen durcheinanderbringe.[62] Was sie wiederum für nichts anderes als die dramatisierende Fuchtel einer falschen Romantik halte, aber nun gut. Für den Moment wolle Veronika das jetzt mal glauben.

Ein Problem, das mit Substanzen zu tun habe, sei zumindest einfacher zu handhaben als eines, das mit Personen zu tun habe, die

die Idee von Erfüllung verkörpern. Substanzen seien beherrschbar, zumindest suggerierten sie anfangs die mögliche Durchführung eines objektivierbaren Bedürfnisses.

Love-dealer, sagt die Dings. Mit einem Mal habe sich Veronika als Besprochene wiedergefunden. Eine herbe Destabilisierung des Selbstbildes sei die Folge gewesen: dass man existiere, ohne anwesend zu sein, dass man ein Eigenleben habe, an dem man selbst nicht mehr teilnehme. Was für ein Angriff auf die eigene Identität! So bildeten sich neue, diffuse Gruppen um sie her, und einen Zugang dazu habe sie auch nicht, obwohl man sie ja in gewisser Weise bereits aufgenommen habe, und das ungefragt. Woraufhin die Dings sie darauf hingewiesen habe, dass sie sich das ebenso gut einbilden könne: Schau nicht so magnetisch. Auch das wäre ein Grund, damit aufzuhören – psychische Gesundheit. Nein, sagt Veronika, wenn es *love* gewesen wäre, hätte ich keinen *dealer* gebraucht. Besprochen zu werden, war da nur eine Möglichkeit, der psychischen Implosion zu entgehen. Etwas wie ein Korrektiv, über das man allerdings keine Kontrolle mehr hatte.

Und auf diese Weise die Neugier zu stillen, sei nur eine Erweiterung der Spielfläche gewesen und letztlich nicht anders als enttäuschend. Aber ist nicht Enttäuschung, wie wir gelernt haben, das beste Mittel, sich von einer Welt enttäuschender Verkörperungen frei zu machen? Nicht ganz, denn die Drogenlogik, sagt die Dings, beruht auf der unaufhörlichen (und sich steigernden) Aktualisierung von Enttäuschung. Dem Süchtigen, so Heinrich, genügt es nicht, die Gegenstände aus der Welt zu räumen, nein, er will den Gegenständen, die er aus der Welt räumt, nach.[65] Als würde alles entweichen, was da ist, und nur dasjenige bleiben, was fehlt.

Alles aus dem Fenster, schreit Veronika. Und wo ist der Rest? Der Rest ist gelöscht. Ach, der schöne Text. Der schlechte Text. Als müsse man etwas anzünden oder einweichen, damit hier endlich wieder irgendwas gewollt werde. Ein Zeichen, ein Zeichen! Einweichen, einweichen! Aber sie wolle ja. Hab ich nicht gesagt, dass ich will? Ich will und will und sage das gerne auch noch ein drittes Mal. Und wenn hier gar nichts geht, dann will ich schließlich nicht nur das Nichts, dann will ich vom Nichts gehabt werden, nämlich.

Es gebe so eine Art von Phlegma, dem sie komplett ausgeliefert sei, sagt Veronika. Diese Logik kenne keine Abwesenheit, die kenne nur Entzug. Sie habe es sich immer wieder sagen müssen: Das ist nicht das Böse, nein, das ist einfach nur das Abwesende, es fühlt sich nur an wie Bosheit. Aber ach, in diesen hellen Augen sehe sie die stetige Nichtung ihres Wollens. Und nur weil sie über eine Energie der Heilung verfüge, könne sich das immer wieder erneuern, werde es überhaupt möglich. In diesem Sinne, sagt Veronika, ist die Heilung nicht auf meiner Seite, obwohl es auf den ersten Blick so aussehen mag.

Ein schlechter *Container*. Ja, genau. Repräsentation fände hier gar nicht statt, hier werde auch nicht gedacht. Das wiederum gaukele ihr eine Direktheit vor, die auf ihr Bewusstsein wirken müsse wie eine Substanz. Die Dings ruft: Veronika steht an der Gaukel und will das eine mit dem andern anzünden.

Das ist Anmut, das ist Schönheit, das ist Schönheit als *charis*, als Gnade, als etwas (Danke, RMR), das mit huldvoll gesenktem Kopf darauf verzichtet, dich zu zerstören. Es aber sehr wohl könnte, und das ist das Beunruhigende und auch das Soghafte daran. Ich will es dir singen: *Amazing Grace*. Und schon nach zweimaligem Transport durch das Übersetzungsprogramm war aus

»Amazing Grace, how sweet the sound« der Satz *»The beauty narcotic likes noises to relieve«* geworden.[66] Wann ist das passiert? Ich weiß es nicht. Ich weiß es wirklich nicht.

Wir sprechen von Wünschen, die gleichzeitig Versteinerungen und Sprengsätze sind. Meine Sucht müsste ein Text sein, der sich zwitschernd fortbewegt, und die Dings daraufhin: Oder plaudernd, und in der Mitte ein Blei, und dieses Blei wäre das Begehren. Lotrecht. Da sagt Veronika: Mach dir nicht ins Hemd, Liebes. Das wäre nichts als ein schlechter Text.

In der Sucht fallen Begehren und Bedürfnis zusammen. Dass wir hier endlich mal den Körper und das Bewusstsein überblenden können und dass beide endlich mal was zusammen machen, das ist doch zumindest eine schöne Sache. Wenn es auch nicht die beste ist, aber in die Bescheidenheit hineingetrieben, erfreuen wir uns an geringen Dingen, nicht wahr, Veronika. Ich nicht, sagt Veronika. Ich nicht. Davon abgesehen, dass sie inzwischen gar nicht mehr unterscheiden könne, ob sie von innen oder von außen reagiere. Exzentrisch, sagt die Dings, man nennt das exzentrisch.

Nur dass es eben schnell gehen müsse. Die Drogenkopplung. Diese Wünsche, sagt Veronika, hätten sie zu Anfang mit neuen Grenzen ausgestattet, in denen sie komplett alleine gewesen sei. Aber die Nachtseite davon sei eine selbst geschaffene Einsamkeit, eine trübe und knöcherne Einsamkeit, die auf jedes einzelne Molekül einwirke, an die sie sich aber auch habe gewöhnen können. Dazu habe sie dann einen Schlüssel gehabt – und indes alles andere verloren. Erinnerst du dich noch an die Plauderprobe?

Meine Maßlosigkeit, sagt Veronika, fungiert hier als ein Aspekt von Unabhängigkeit. Sie habe gelernt, von den Bedürfnissen anderer

Leute zu leben und sich deren Wünsche überzustreifen. Das alles will ich ab jetzt auch, sagt die Dings. Das geht aber nicht. Warum nicht? Weil ich das ja schon will.

Und Verschwendung sei doch klasse, schreit mich einer am Tresen an, hach, dieses schnalzende Rückgrat, neben ihm die Frau mit dem Kinn. Ich soll hier wohl irgendetwas statuieren und sage: Ja, und meine: Nein. In Grenzen, sehr in Grenzen. Ich werde hier nichts mehr unter Wasser setzen, jedenfalls nicht in der nächsten Zeit. Und wenn Veronika ein Adjektiv wäre, dann könnte ich jetzt sagen: Ich bin schließlich nicht veronika. Wenn diese Selbstvergiftung eine Form der Verschwendung ist, dann gut, dann wäre das ja noch ganz günstig. Die Schnittmenge zwischen Dummheit und Verschwendung, das bin ich, denke ich. Und wachse wieder in die Verspannung, das Glas durch die Menge an den Tisch tragend. Tief in das Gespräch gebeugt sind die Freunde am runden Tisch, als tunkten sie ihre Köpfe in einen Teich.

Nein, nicht das, was man unter Drogeneinfluss verfasst, sondern der Weg zurück, die Übergänge sind interessant. Mit *protectionshields down*, dünnhäutig und gesprächig geht am nächsten Morgen jeder Eindruck direkt durch den Ernüchternden hindurch, als finde ein chemischer Abbau von Vermittlung statt. Oder eine ganz besondere Form von Osmose, die einen von innen belichte. Dem folgen die Schmerzen, wie es eben so üblich sei. Die Welt komme zurück, so gegen drei, nur sei es keine schöne, sagt Veronika. Und sie selbst kehre dann irgendwann auch wieder zurück, woher, spiele bis auf Weiteres keine Rolle.

»Vielleicht gibt die Droge nur einem Schein-Denken Raum. Vielleicht. Im Zustand der Entwöhnung hat das Denken jedenfalls zwei Hörner: Das eine nennt sich böser Wille (um die Kategorien zu verspielen), das andere schlechte Laune (um mit der Dummheit zu spielen).«[67] Ja, das nicht mehr Sublimierbare, das ist nahe an der Dummheit, wie wir gesehen haben. Es scheint, als würde darin das Fortschreiten eines inneren Wachstums geleugnet. Etwas nicht lassen können und die Abweisung nicht verstehen und sich gleichermaßen keinen Kontext ausdenken können, in dem genau dies die Rettung wäre. Bitte, Veronika, sag nur ein einziges Mal das Wort Irrtum. Sag es. Sag: Ich habe mich geirrt. Das macht sie nicht. Wir lernen also, dass dem Menschen, wie Bion gezeigt hat, nichts schwerer fällt, als aus Erfahrung zu lernen.

Andererseits waren das womöglich einfach falsche Gefühle, oder der umgekehrte Ausbau der Idee, mit deinem Leben zu spielen, Veronika, über dein Leben auf eine Art und Weise zu verfügen, die es zum Einsatz werden ließ, ob Ekstase oder Askese sei dann auch zweitrangig. Jetzt mal gut gnostisch gedacht.

Tscha, das passiert eben, wenn man besoffene Schlampen abschleppt, sagt Veronika. Dir wurde toxisch mitgespielt. Und gerade das war das Schöne daran? Gerade das? Dann sollten wir mal wieder miteinander ausgehen.

Kontrolle und Kontrollverlust, so gewinnt es an Unmenschlichkeit und verliert an Kontingenz. Und bleibt dennoch unzuverlässig. Nein, der Zusammenhang besteht nicht zwischen Sucht und Suche, sondern zwischen Sucht und Siechtum. Vielleicht möchten Sie sich das kurz notieren. Und dann noch der Zeitverlust. Wer ist das denn, der Ihnen am nächsten Morgen übermittelt wird? Ja, das kann auch schiefgehen, gibt die Dings zu bedenken. Und darin wäre man dann eben doch alleine.

Alleine? Ja, wo ist sie denn jetzt hin, deine Gruppe? Und wo war sie die ganze Zeit? Du musst es den anderen erzählen, Veronika. Wo bist du denn, wenn sich das, was du für deinen guten *Container* hieltst, nun anschickt, alles aus dem Enthaltenen herauszupressen. Ja, auch das sei möglich. Gleich denkt Veronika an den milchigen Presssaft aus sehr faserigen Affären, und die Anteile des Bösen wären darin hochkajuckelt. Du weißt schon, dass du das kühlen musst. Und noch später, wenn dann gar nichts mehr herauskommt, was machst du dann? Nachlegen oder weggehen?

Den schönsten Untergang, so Veronika, erwarte ich, wenn nichts mehr geht. Wenn keiner mehr da ist, mir den Kopf zu halten, kein Geld mehr da ist und die Planquadrate sich vor meinem inneren Auge verdrehen. Red nicht so einen Scheiß, sagt die Dings.

»Drogen sind der Name dafür, dass unsere Modernität der Unvollkommenheit der Jouissance ausgesetzt ist.«[68] Und mich hätten sie in die *talkshow* einladen sollen, mich, mich. Ich hätte ihnen mit der traurigsten Begeisterung davon erzählen können, *nevermore*, *nevermore*, ich hätte ihnen alles hingebreitet, ich hätte ihnen gezeigt, wie im Ende der Wunsch fortlebt, wie etwas immer noch tickt, über die Auslöschung hinaus. Das hätten die Menschen verstanden. Die Menschen hätten geweint.

»Wer das Seelenleben des Menschen kennt, der weiß, dass ihm kaum etwas anderes so schwer wird wie der Verzicht auf einmal gekannte Lust. Eigentlich können wir auf nichts verzichten, wir vertauschen nur eines mit dem andern; was ein Verzicht zu sein scheint, ist in Wirklichkeit eine Ersatz- oder Surrogatbildung.«[69] Kenn ich, sagt Veronika. Ja, das wissen wir. Du warst doch immer die, die alles, was ihr nahekam, mit dem Attribut *Ersatz* versah. Ihr Häschen hieß *Ersatz*, ihre erste Katze hieß *Ersatz* und alle

Katzen, die danach kamen, sowieso, und ihr Freund. Und der Freund von der Dings insgeheim auch. Nur für was, Veronika? Ersatz für was? Weiß nicht, *Schwanz* vielleicht? Ich bitte dich, das glaubst du doch selber nicht. Da lacht sie.

Da kannst du noch so sehr vorauslaufen und mitten hinein. Das wird nicht einfacher. Nein, das alles reflektiert und will dich spiegeln, und zwar insofern, als Entzug eine Form der Selbstbeobachtung ist, *fixation* und *flow*. Und jetzt müssten endlich mal alle ihre Bedürfnisse offenlegen, schreit Veronika. Prekär, prekär. Das trau ich mich ja nicht mal im Traum. Und außerdem, da wir ja der gleichen Gattung angehörn, ist das auf Dauer vielleicht auch etwas fad. Sie aber wolle Details, schreit Veronika, Details, weil das seien die *killer*, die Details nämlich. Es ginge ja immer alles nur millimeterweise schief.[70]

Und wenn dann am nächsten Morgen die Reue ausfalle (Reue, vielleicht der stärkste Faktor von Gedächtnis, nicht wahr) und sich da nichts mehr rege, kein: Du musst dein Leben ändern mehr (Hallo, wenn ich du wäre, würde ich mir erst mal Arme zulegen) – was dann? Alles gleite so dahin, und die Wünsche seien wie abgestoppt, an den Rand der Fahrbahn gedrängt, an der sie so unermüdlich entlangmarschiere, in diesen Stunden unter der Sonne. Wie eigenartig.

Da hast du keine Antwort parat. Worin besteht denn das Versprechen, oder ist es eine Drohung, oder ein Versprechen, das eine Drohung ist? Veronika, was soll denn zum Vorschein kommen, unter Zugabe von Substanzen? Ich bin mir nicht sicher, aber kann es nicht sein, dass all diese Wünsche, die dich seit Wochen durch die Stadt scheuchen, allein eine Sache der toxischen Verstärkung sind? Dazu gehört Gutes wie Schlechtes. Ihre Manie, nicht aufhören zu können, als würde sie darauf warten, dass einer oder eine käme und sagte: Es ist gut, Veronika, du kannst jetzt aufhören.

Indes sucht sich Veronika eine andere Krankheit: die Logik. Dann lass dir von Frank O'Hara gesagt sein: »*That's not why you fell in love in the first place, just to hang onto life, so you have to take your chances and try to avoid being logical. Pain always produces logic, which is very bad for you.*«[71] Ja, es kann sehr wohl erfrischend sein, gegen die eigene innere Logik zu agieren und das Gegenteil von Intuition aufzuführen. Das wird dann schon an der antithetisch ausgesuchten Kleidung anschaubar.

Sagt die Dings: Oder wie wäre es zur Abwechslung mal mit Gelassenheit und Entledigung? Das mag nun gesund und allzu menschenverständlich klingen, aber denk dir doch, das sind Begriffe, die mit der volkssprachlichen Mystik im Mittelalter zu uns gekommen sind, und zwar aus der Arbeit an der Negation und der Beschäftigung mit dem Wesen, dessen Größeres man nicht denken kann. Die Bereitung von Körper und Geist, ihre Entleerung vor der gottmenschlichen Vereinigung. Und auch Gott müsse sich schließlich all seiner göttlichen Namen entledigen. Ledigkeit und Losigkeit. Lass los. Nimm die Zeilen weg. Lass nur noch die Betonung stehen.

Veronika sagt, gut, dann würde sie ab jetzt absichtlich verzichten. Ja, versierte Verzichterin, die sie geworden sei. Er-satz-los! Sie wolle nun immer weiter verzichten, nun, da es schon mal so gut angefangen habe, könne sie den Preis auch in die Höhe treiben. Ich unterbreche die Nahrungskette, ich kaufe nur noch Bücher und Blusen. Und sie hoffe, damit endlich den Komplex Geld von dem Komplex Angst abzukoppeln.[72]

Letztendlich sei es jedoch einfach die Frage, wie großzügig man mit
107 der eigenen Zeit umgehe. Daran erweise sich Freundschaft. Dann ist es auch Hingabe, dann ist es tapfere Hingabe. Und ich sage: Ja, ich komme mit. Oder zu dir. Ja, ich lasse alles stehen und liegen. Ich komme sofort. Dann soll mir halt der Himmel auf den Kopf fallen. Dann wird der Text eben nicht besser als so. So. Große hallige Träume mit Einbauten.

DIE ANDERE

SEITE DAVON

Wieso, sagt Veronika, wenn du was über das Begehren lernen willst, dann musst du doch nur versuchen, dir das Rauchen abzugewöhnen. Andererseits, die Sache mit dem Begehren, die ist ja schon auch ziemlich *last century*, keiner macht das mehr. Aha, was macht man denn stattdessen?, will die Dings wissen. Keine Ahnung, rauchen?

Denk dir zwei Personen, eine raucht mit dem Körper, und eine andere raucht mit dem Kopf. Welche davon ist Hegel? Definitiv die, die mit dem Kopf raucht, sagt Veronika. Und außerdem, der letzte Trumpf aus ihrer Hand: Nichtrauchen ist auch Rauchen. Man ist nur auf der anderen Seite davon. Sagt die Dings, aber immerhin ist man auf der *anderen* Seite davon.

Sie habe es ja versucht. Aber dann hätten diese Fuzzis einfach das Coverdesign geändert. Das sei doch prekär, enorm prekär bei einem Suchtmittel. Ja, sie könne es sich schließlich noch leisten, Suchtmittel ästhetisch aufzuladen, das habe sie schon immer gekonnt, weil sie nämlich eine Würde habe. So. Und selbst jetzt noch, im tiefen Tal des Entzugs, lasse sie sich das nicht nehmen, gerade jetzt nicht. Was soll das denn sein, habe sie die Apothekerin gefragt, als die ihr ein metallicgrünes Päckchen entgegengehalten habe. Die nehm ich nicht. Aber die seien jetzt noch wirksamer, habe sich die Apothekerin entschuldigt. Iwo, im Gegenteil, seit dem *relaunch* passiere da überhaupt nichts mehr. Interessant, habe die Verkäuferin gesagt und erklärt, sie sei ja auf die Aussagen ihrer Kunden angewiesen, sie könne ja nicht alles probieren. Nun ja, eine seriöse Apothekerin sollte eigentlich alles probiert haben. Alles.

Entzug ist eine Form der Beobachtung, und der Lapsus dann eine immens exakte Reaktion. Ein genauer Hinweis auf das, was man gerade nicht mehr erträgt. Es sieht so aus, als gäbe es keine neue Antwort auf das Unerträgliche, sondern immer nur die alte Antwort. Man fängt eben wieder an. Die Symptome des Entzugs sind immer schneller als die Möglichkeiten der Adaption, bedauert Veronika. Deswegen heißt es auch Entzug, du Knalltüte. Verzeihung. Ich meine ja nur: auch ein schöner Name für eine Katze. Und Veronika sagt: Meine Katze heißt ab heute *pumpgun*. So.

Wir kennen die Identifizierung des Ichs mit dem aufgegebenen Objekt und den viel zu geringen Radius der eigenen Wut. Ein Stich – es ist genau diese Nichtzufälligkeit des Auslösers, die dem Übertritt, die dem Scheitern der *contenance* eine solche Kohärenz gibt. Schon wieder lungern die Türhüter ins Weichbild und nuscheln etwas wie: Dieser Eingang war nur für dich, ich gehe jetzt und schließe ihn. Nein, sie nuscheln nicht, sie feixen. Und wo ist es jetzt, das Heer von Zombies, wenn man es einmal braucht? Mit dem Ausflugswir auf in die Idylle, zum *Picknick of the Living Dead.*

Das Einzige, was hilft, ist, die frei gewordene Libido auf den Vorgang der Heilung zu übertragen. Doch wenn diese Übertragung brüchig wird – dann wird, was zunächst wie eine Lockerung erschien, zu einer Rutsche in die Reue. Tempo, tempo. Aber, aber, das nicht Gute. Das einfach nicht Gute. Tyche. Was anderes ist das ja nicht. Und morgen wäre dann alles wieder da. Auf Enteignung mit Enteignung reagieren, als gäbe es nichts andres, das ist formatloser Trotz. Hör zu, dein Trotz hat kein Format. Aber hat Trotz das denn je, Format? Nicht mehr in deinem Alter, Veronika.

Um das Herz herum herrscht jetzt eine muskulöse Enge. Der Atem ist leer. Weite. Nein, Dürre. Was tun. Was gehört zu was? Es reißt mich, nein, es will mich nach innen stülpen. *Gap Gardening*, den Entzug hier hingestellt, als hätte man das zentrale Wort verschwiegen. Es lässt sich nicht verstehen. Oder aber: Wenn das so ist, wird mir alles klar. Reduziert ihr hier mal ruhig die Komplexität, ihr Hübschen – und das alles auf meine Kosten.

Was meint er denn, der Foucault, wenn er darauf hinweist, dass Askese und Lustverzicht nicht dasselbe seien: »Es ist die Arbeit, die man an sich selbst leistet, um sich zu verwandeln oder jenes *Selbst* erscheinen zu lassen, das man glücklicherweise nie erreicht.«[73] Was aber ist das Glückliche daran, wenn diese Arbeit scheitert? Dass man weitermachen muss? Weil man insgeheim vielleicht schon weiß, dass man mit dem angezielten Selbst nicht wird leben können?

Ich kann nichts mehr machen. Ich weiß jetzt, dass mir alles fehlt, genauso wie mir auch jede Handhabe dagegen ermangelt. Es ist ein eigentümlich lebensfremder Zustand, will ich meinen, Disziplin suggeriert Konstanz und Einvernehmen. So wird eben weiter geübt, in unfroher Erwartung eines Besseren.

Das Wichtigste ist wohl, dass die Askese die Hoffnung auf das Surplus abstreift. Dass sie mit dem Ausbleiben lebt und aufhört zu warten. Daher habe ihr Ziel darin bestanden, den Gehirnstoffwechsel zu resetten. Sie werde so lange nichts Psychoaktives mehr zu sich nehmen, bis sich eine Neutralisierung eingestellt habe. Was da noch bleibe? Bei ihrem verfahrenen Verhältnis zur Nahrung: Licht, Sex und Tee. Musik vielleicht noch. Daraufhin seien Pflicht und Kür aufeinander losgegangen, und ihr inneres System von Überwindung und Belohnung sei kollabiert. Ist das jetzt der Preis? Ja, das ist er.

Wirklich, sagt Veronika, ich bewundere meine *contenance*. Sie habe ja mitgemacht, bei der Reduktion des Ganzen. Anfangs habe sie das an diese Kampfkunstfilme erinnert, in denen die Eleven erst einmal drei Jahre barfuß über Seidenpapier laufen müssen, bis sie keine Spuren mehr hinterlassen, bevor sie sich anderem zuwenden dürfen, vielleicht der richtigen Handhabung von *chopsticks*, und erst dann kündige sich die Auseinandersetzung an, auf die alles hinauslaufe. Es sei aber nicht so weit gekommen, zumindest nicht für sie. Was sie immer schon geahnt habe, zuweilen auch gewusst: dass es Ruhe nämlich gar nicht gebe. Nicht solange ich lebe, sagt Veronika.

Und es sei doch überhaupt so eine falsche Tödlichkeit, die in der Entscheidung liege, mit jemandem nicht mehr zu sprechen. Das sollte man eigentlich höchstens zweimal im Leben machen, nein, eigentlich nie. Das sei eigentlich das, was Bachtin mit Nonkoinzidenz meint: »Solange eine Person am Leben ist, lebt sie von der Tatsache, dass sie noch nicht finalisiert ist, dass sie noch nicht ihr letztes Wort gesagt hat. Alles ist noch in der Zukunft und wird immer dort sein.«[74]

Ja, sie wisse schon, sagt Veronika, diese Kappung bei gleichzeitigem Weiterleben sei eine unzulässige Dramatisierung oder zumindest unnatürlich. Diese fragile soziale Skulptur da, monatelang von Stimmen gestrickte Texturen – sind die denn nicht schützenswert? Da stimmt doch was nicht. Aber kontraintuitiv sei momentan eh alles, was sie tue. Das Ticken der Sublimierung eben.

Askese war für die stoische Philosophie das »Training des Denkenden, der sich gegen Schicksalsschläge immunisiert und, wenn dies nichts nutzt, sich autark antut, was er sich von anderen nicht mehr zufügen lassen braucht.«[75] Das gibt mir recht, sagt Veronika, die Askese immer abgelehnt hatte, es sei denn, sie speiste sich aus einem aggressiven Impuls gegen sie selbst. Eine neue Obsession, Geiz so verschwenderisch wie Gier, kannste haben, schenk ich dir.

Der macht mich kaputt, sagt Veronika, echt, der macht mich kaputt, woraufhin ihr die Dings antwortet: Reg dich ab, das kann doch eh niemand besser als du selbst. Stimmt auch wieder. Ihr neuer Plan sei, sich die Ohren kaputt zu machen. Stell dir vor, sagt Veronika, da bin ich fast schon aus dem gebärfähigen Alter herausgekommen, ohne mir die Ohren kaputt zu machen! Die Lunge jawohl, das Rückgrat uff jeden, die Füße von Anfang an genauso wie die Augen. Und deswegen seien jetzt endlich die Ohren dran. Würden Sie also bitte die Tonspur auf Anschlag drehen? Besten Dank auch.

Früher habe man das ja ganz anders gedacht. Askese sei auf eine Form gerichtet gewesen und nicht auf ein Entschwinden. Denn je weiter sich die Askese über den Körper erhebt, desto ohnmächtiger wird sie, weil sie den Kontakt zu demjenigen verliert, was ihr unversöhnt unterliegt, der Materie nämlich in ihrer ganzen Formlosigkeit. Es geht schon auch um die Würde dessen, was nicht gedacht wird. Als Praxis des Entschwindens verliert das Ganze seine Arme. Und wir hätten nur noch das unter der Verkörperung mitleidende Anderssein. Wichtig ist hier der Begriff des Unversöhnlichen.[76] Gut, dass du das mal gesagt hast.

Veronika schreit: Ich habe jetzt kein Interesse mehr an Lektionen. Und sie beobachtet mich, wie ich am Abend durch eine Röhre unterschiedlicher Bedürfnisse stürze, im freien Fall. An den Rechner gezwungen. Du musst doch nichts trinken. So, Veronika, das wars. Du gehst jetzt nach Hause. Nein, geh nicht. Bleib.

Vielleicht braucht es einfach eine größere Güte gegenüber der Entgleisung. Sei nicht so streng. Veronika sagt zu dem jungen Dozenten: Die Strenge, die ich auf mich anwende, geht automatisch auf andere über. Auch von Ihnen erwarte ich niedergerungene Affekte, andernfalls nehmen Sie Ihre *lunchbox* und gehen Sie zum Nachdenken in den Tiergartentunnel. Er tut wie befohlen. Und fragt sich mit Meister Eckhart: Warum ist das losgelöste Wesen besser als das Wesen? Tscha, da können Sie jetzt noch eine Weile drüber nachdenken, und kommen Sie nicht hervor, bevor Sie nicht eine Antwort haben.

Aber ich bin hier, und ich bin eulen, und der Schutz ist aufgebraucht. Ay, ay. Der Schutz, der die Arbeit war, ist aufgebraucht. Jetzt herrscht Bedürftigkeit, und wenn ich Hunde oder Katzen sehe, erinnern sie mich an Menschen, dann erwacht etwas in mir spürbar, so eine leere Zärtlichkeit, ein kontemplatives Denken von Fell, der Ausbau des Atems zu einem lautlosen Schluchzen. Und Veronika ruft mich an und sagt: Hol dir bloß keine Katze ins

Haus. Das wäre dein Ende. Ja, nur Pflanzen und Tiere bieten diese unmenschliche Nähe, in der alles immer nur bis auf Weiteres ist. Nein, der Ersatz sollte auf keinen Fall lebendig sein, dann schon lieber Nichts und den Balg aushalten.

Anders geht es nicht. Schon alleine, da gleichzeitig eine ungeheure Anspannung herrscht. Ein sentimentalisch-terroristisches Einsamkeitsfieber. Genau! Danke, Herr Nagel. Und noch was, Herr Negri! Ich finde nicht, dass es, um das Gemeinsame zu schaffen, der Askese bedarf. Ebenso wenig teile ich ihr Misstrauen gegenüber der Transzendenz. Denken Sie doch mal an Aristoteles oder so. Komm Veronika, jetzt nimm dich ein bisschen zurück.

Meine Indiskretion verpflichtet Sie selbstverständlich zu nichts, sagt Veronika. Aber was ist eigentlich so gut am Nichtsbrauchen? Was ist das denn für eine Stabilisierung des Selbstbildes nach dem Hin und Her, in dem das Begehren mal das eine, mal das andere suggerierte? Diese Prägnanz des starken und doch fehlerhaften, aber unbewusst so enorm griffigen Gefühls, niemanden zu brauchen – woher kommt die? Veronika sagt: Ich würd mal annehmen, das ist die Abwesenheit der bösen Brust. Denn das Kleinkind, erklärt Veronika, könne Abwesenheit noch nicht denken, da es noch nicht gelernt habe, Repräsentation zu denken. Insofern könne es die Abwesenheit der Brust nicht anders denken denn als Anwesenheit der bösen Brust. Das sei natürlich ein fleißiger Quell der Ambivalenz.

»Alle Objekte, die benötigt werden, sind böse Objekte, weil sie einen Mangel erleiden lassen; besäße man sie, so gäbe es keinen Mangel. Da sie nicht existieren, sind es Objekte von besonderer Art, die sich von existierenden Objekten unterscheiden. Demnach sind Gedanken – oder diese primitiven Elemente, die Protogedanken sind – böse, benötigte Objekte, die beseitigt werden müssen, weil sie böse sind. Sie können entweder durch Vermeidung oder durch Veränderung beseitigt werden.«[77]

Hat man sich einmal daran gewöhnt, dass die eigenen Bedürfnisse nicht befriedigt werden und weiterhin begriffen, dass das immer so weitergehen könnte, setzt man sich nur noch ungern der labilen Position des Wollenden aus. Schließlich befindet man sich schon auf dem Weg zurück. Aber vielleicht stimmt das ja gar nicht, sagt Veronika. Es sei ja nicht so, dass man bedürfnisloser werde, das Gegenteil sei der Fall, aber da man den Umgang mit der Bedürftigkeit verlerne, werde die Sache so ungemein beschämend. Weil man sich daran gewöhnt habe, schamlos zu leben, im Sinne des Absterbens einer Differenz. Und diese Reduktion könne nahelegen, dass es immer so weitergehe. Weswegen man sich einbilde, immer weniger zu brauchen. Obwohl man eigentlich mehr braucht. Veronika rät: Trink noch was.

Veronika, das ist aus unserer neuen Reihe Sag es persönlicher: Aber, aber, woher das Leid? Ist es nicht auch *Bliss of Leid* und *Leid of Bliss*? Du hast doch heute nur schöne Sachen gemacht, Veronika. Du hast CDs gekauft und getrocknete Früchte, du hast was Hübsches angehabt und bist Fahrrad gefahren. Du hast geheult und hast dich einsam und ausgesetzt gefühlt. Dir ist eingefallen, dass es ab jetzt genauso gut immer so weitergehen kann und es keinen Grund dafür gibt, dass hier noch irgendetwas Schönes passiert. Und dieser Tatsache wollen wir jetzt mit unverhohlener Arroganz begegnen. Aber auch damit ist nichts gewonnen.

Nein, denn Arroganz ist nicht nichts brauchen, das meint nicht, die eigene Autarkie schnippisch vor sich herzutragen. Da haben Sie sich verschätzt, Arroganz ist ein ungehemmtes Anfragen. Ein unmäßiges Habenwollen, das Heranholen von Fremdem, das einem nicht gebührt. Anmaßung, sozusagen. Andererseits, ist nicht irgendwo bei Montaigne auch von der Arroganz der Bescheidenheit die Rede?

Nein, mich beeindruckt das Sichtrauen, sagt Veronika. Nicht weil es so abwegig ist, sondern weil es so üblich ist, die gekonnte Handhabung des Mangels auszustellen. Dass du dich der Möglichkeit aussetzt, abgewiesen zu werden, das imponiert mir. Das macht dich sympathischer, als du eigentlich bist. Tscha, *timing*, brüllt Veronika. *Timing?* Ja, *timing*, im Sinne von: Beeil dich, in fünfzig Jahren bist du tot. *»Crying to confuse the brave: It's a summer day, / and I want to be wanted more than anything else in the world.«*[78] – Könnte da vielleicht mal jemand einen richtig guten *beat* drunterlegen? *Deephouse*, sagt Veronika. Genau.

Und wieder haben wir Veronika in Hanglage, wie sie sich vor hundert Jahren schwankend, mit einer Hand am Tresen, vor diesem Geoffrey, Gregory, Gorgory, *woddefuck*, aufgebaut hatte und gesagt: *Would you please take advantage of a drunken lady?* Großes Tennis. Nachdem Geoffgroffy ihr Angebot weder höflich noch charmant abgelehnt hatte, entschloss sie sich, sieben Jahre nach Tibet zu gehen, und erst am Nordhang des Nanga Parbat sei es ihr gelungen, diese Kränkung alpinistisch in Stärke umzuwandeln. Das sei ein großer Erfolg gewesen und für ihre Persönlichkeitsentwicklung sowieso. Inzwischen sei sie längst nicht mehr so empfindlich, und auch ihr Narzissmus habe an Elastizität gewonnen. Daraus kannste Schuhe machen oder Trommelfelle, sagt Veronika stolz, und das werde in der Tat auch gerne gemacht.

(»A heavy burdon lifted from my soul. / I heard that love was out of my control.«)[79]

117

DIE EIGENWELTLICHKEIT DER STÖRUNG

Na, meine Guteste, willst du was über Dämonen lernen? Ich spreche, sagt Veronika, von einer Verengung, von etwas, was im Raum ist und den Raum gleichfalls dreht, ebenso wie sein Gehalt sich dreht. Es ist eine Struktur, die mit der eigenen Identität (und deren Überschätzung) in Verbindung steht.

Löse dich von dir selbst, und die Dinge lassen ab. Denn »wenn Verstrickung das Fernste an das Nächste bindet und das Nächste an das Fernste, ohne dass ein Glaube an die Harmonie von Mikrokosmos und Makrokosmos den Erschreckten beruhigt und sein Erschrecken in Bewunderung verwandelt, so hat Kausalität ihre Rolle als Dämonenbeschwörerin eingebüßt. Sie scheint die wahren Gründe nie zu treffen, sondern immer nur Symptome der Schaumwelt.«[80]

Dann lässt sich das Gegenteil von Gelassenheit erleben, wobei in diesen Zeiten Gelassenheit nicht anders denn als schmutzige

Regung daherkommt. Das Durchqueren der Schaumwelt und der darin weggleitende, hilflose Verstand, Schaumfetzen und falsche Verkörperungen. Bis das Echo kam, und was das Echo nicht tilgte, blieb einfach stehen: der gestaltlose Schweizer. Oh, apropos, was ist eigentlich mit dem Franzosen? Aber das hatten wir doch erzählt, der Franzose ist im Hallenbad.

Was für ein Aufgebot an Projektionen, denkt Veronika, beinahe kriegerisch. Wie Licht, das sich auf Lanzen und auf Schilden bricht, ein Glitzern, und der hohe Himmel darüber. Und wie sich das ineinanderschiebt, weil Nachhut von hinten hereindrängt, während vorne nichts weiter passiert. Wichtig sei vor allem die Perfektionierung des Wartens. Und dass der Zustrom nicht aufhört, diese atemnehmende Enge. Veronika behauptet, sie würde ja damit aufhören (wenn sie es könnte).

Da sei ein Keil hineingetrieben worden, seitdem nehme auf der einen Seite etwas zu, während die andere Seite diffundiere. Das Nagen der Details, die dahinrauschende Vollständigkeit des Ausgedachten. Sie sähe etwas, das entweder genau das Richtige oder aber haargenau das Falsche, in beiden Fällen aber eines, nämlich exakt sei. Respekt.

Die Dämonen sitzen mit auf dem Wagen, der den wegbringt, der gerade sein Haus angezündet hat. Das Haus verbrennt umsonst. Das hätte man ihnen aber auch vorher sagen können. Daran erweise sich eine ganz besondere Eigenwilligkeit, die weder auf den unmenschlichen Willen der Götter noch auf den verhandelbaren Willen der Menschen zurückzuführen sei. Es handele sich vielmehr um einen unkontrollierten Willen, der sich um nichts schere, oder soll ich sagen: um die Eigenweltlichkeit der Störung.

 Die verkaterte Runde verstummt beim Auftritt Diotimas (Show-
119 treppe? Bestimmt, oder zumindest deren antikes Äquivalent), die Eros vorerst als dämonische Vermittlungsgestalt zwischen Menschen und Göttern bestimmt. »Was wäre also, sprach ich, Eros? Etwa sterblich? – Keineswegs. – Aber was denn? – Wie oben, sagte sie, zwischen dem Sterblichen und dem Unsterblichen. – Was also, o Diotima? Ein großer Dämon, o Sokrates.«[81]

Aber die Armut hat er von mir, sagt Penia, Mutter des Eros, da ist er der Dürftigkeit Genosse.[82] Sein väterliches Erbteil wiederum verschafft ihm Zielstrebigkeit nach dem Guten und Schönen, Tapferkeit, Erkenntniskraft, Eigenschaften von Zauberern, Giftmischern und Sophisten. Daraus ergibt sich das klassische bipolare *mind-design* des jungen Dämons, »bald an demselben Tag blühend und gedeihend, wenn es ihm gut geht, bald auch hinsterbend, doch aber wieder auflebend«[83]. So dass dieser Dämon aus einer Kopplung von Mangel und Zielstrebigkeit (oder auch Folgerichtigkeit) entspringt.

Und an der Bar (am Sprachstand) habe ihr jemand gesagt: Das führt zu totaler Identifikation, das weißt du schon, jetzt lass hier doch mal die Grenzen stehen. »Aber es gibt keine Dämonisierung ohne das Eindringen des Numinosen und keine Darstellung dieses Bearbeitungsverhältnisses kann die Idee des Heiligen ausschließen.«[84] Weißt du, sagt Veronika, er hat Ochsen dressiert. Er wohnte in einem tiefen Tal, und gewaltige Ochsen folgten seiner Spur. Er war da, und dann war er nicht mehr da.

In dieser blitzhellen, extrem empfindlichen Nacht, in der die Elektrik überlaut sirrte, seien alle ihre Sinne so geschärft gewesen, dass es ihr manchmal vorgekommen sei, als habe sich ihr die Haut vom Kopf gelöst. Jemand sei in ihrem Zimmer gewesen, jemand sei in ihrer frühesten Stunde gewesen. Während rein äußerlich gar nichts zu passieren schien.

Und der Freund von der Dings kommt, nachdem er schon gegangen war, wieder zurück, eigens um ihr Folgendes mitzuteilen: Du weißt schon, dass du trotz allem die Geschwindigkeit selbst regulieren kannst. Vordergründig korrekt, sagt Veronika, nur als sie das Ding angehalten habe, habe es sich weitergedreht. Daran habe sich gezeigt, dass alles, was das Ding brauchte, die Energie des Nichttuns gewesen sei, mehr habe das Ding ja gar nicht gebraucht. Eine Maschine, die sich aus Vermeidung speiste.

Dass auch weiterhin nichts passierte, verengte den Zugriff, statt ihn zu lösen. Veronika kam mit dem Hammer an, woraufhin der Freund von der Dings glaubte anmerken zu müssen, dass Mut auch Dummheit sein könne. Mut kann Dummheit sein. Das sind die kleinsten Intervalle der Verlagerung, für das blöde Auge sind sie nur ein Gleiten.

Sie sei immerhin zum okkulten Handel bereit gewesen, und sie habe sich nicht gescheut, große Summen einzusetzen. Wie viel?, will ich wissen. Vier Jahre, sagt Veronika. Vier Jahre meines Lebens, wenn er mir jetzt vor die Füße gespült wird, jetzt. Ich laufe noch einmal bis zur Ecke Friedrichstraße und wieder zurück. Aber sie habe ihn nicht getroffen. Vier Jahre! Vier Jahre sind lange. Das dürfte doch reichen. Darüber hätte sie nicht gehen können. Schon allein, da sie sich zu diesem Zeitpunkt nicht sicher gewesen sei, ob ihr überhaupt noch so viel zur Verfügung stehen würde. Und selbst dieser Einsatz hier hätte ihr vermutlich irgendwann noch mal leidgetan, wie überhaupt alles. Das war aber nicht meine Angst, sagt Veronika, die bestand eher darin, dass das Ganze funktionieren könnte und dann einböge in eine Logik der Steigerung. Und irgendwann, beim letzten Wunsch, wäre das Konto nicht mehr gedeckt. Fällig bei Erleben des morgigen Tags. Man gäbe sie ja gerne, die Zeit. Man wolle sie auch gerne zurück. Das sei es dann aber auch schon.

Nachts, das Orchester der Alpträume. Da seien Träume von Lippen, die sie noch gar nicht kenne, da seien es Schnauzen, Reptilienklappen, Schlitze, Schübe, beschuppte Schienen, und dass das Zeugs nicht giftig wäre, sei ja noch gar nicht gesagt. Dann das grüne Licht, eine grüne Schicht, veralgter Kosmos, Achsensprung, winzige Pfeile im Schaum, die Rundschau der Berge und die See. Das ist Coney Island, habe sie gedacht, als etwas von ihr herunterrollte und nichts zu erkennen war bis auf das grünliche Licht, eine Idee Schweiß, Mimesis, zerschossen in Partiale. Seine hellen Augen hatten kein Farbe.

Hier ist das Nachzucken einer ausgedachten Erinnerung. Hier trifft die gerade Rechte der Peinlichkeit. Das Blut, das heranrauscht angesichts eines zuckenden Insekts, das von dir erschlagen worden ist, Veronika. Man hätte es ebenso gut am Leben lassen können. Veronika sagte: Meine Kraft steht in keinem Verhältnis zur Sache. In keinem Verhältnis.

Der Freund von der Dings sagte ihr: Glaub das nicht. Glaub das doch nicht. *Similia similibus curantor*? Immer noch einen draufkippen, und wenn dann alles in der Plörre schwimmt, wird sich schon irgendein Geschmack durchsetzen? Das sei der Plan? Das solle also der Plan sein? Ich bitte dich. Und Veronika sagte: Hilf mir, ich werde gehalten wie ein Tier.

Demjenigen, der sich nicht kausal erklären kann, droht Verstrickung. Niemand wird der Verstrickung entgehen, der sich nicht kausal erklären kann. Diese gleichzeitige Fülle, dieser unbestimmt vielgliedrige Andrang, wie in großen Menschenmengen, worin Gutes schlecht wird und Schlechtes gut – ach, was soll ich denn tun? Sondieren, Sonden, Sünden, Sündchen. Und ist es nicht immer wieder überraschend, wenn man sich plötzlich in einer Situation wiederfindet, die moralisch nicht mehr zu lösen ist?

Was bleibt? Dass man sich kümmern muss, wenn man in der Verstrickung ist. Veronika erklärt das folgendermaßen: Im Kreis der Einzelheiten steht ein Innenkreis und dreht sich und sendet Signale. Signale sind stets Funktionen von Zeit. Wie geht vorbereiten? Und muss man das – oder besser: kann man das überhaupt alleine tun? *Do me a favour while I'm hanging here.*

Die Verödung sah dann noch mal ganz anders aus. Als die Depressionen kamen, stellte sich heraus, dass die Besessenheit immerhin ein hübsches kleines Zimmer war, in dem alles seinen Platz hatte. Ach, das Schwinden der Symptome. Das sei jetzt, da Heilung sich als Kränkung erweise, ein prekärer Moment. Denn die Reue hat viele Kammern. Was sie wirklich überrascht habe, sei die Tatsache gewesen, dass man auch um einen Mangel trauern könne. Dem Besessenen war Gelassenheit einst nur eine schmutzige Regung.

Und in die andere Richtung geht es auch nur geradeaus.

Wie es ist, wenn es aufhört: Das erste Kapitel über das Entrissensein

Nach der Entlassung aus dem Spannungsverhältnis ist das alles nur noch halb da, vereinzelt und beschädigt; im Torkeln der Wunschmaschine, noch umfuchtelt von gekappten Bindungen, als hätte der Durchzug der Obsessionen das Bewusstsein geplündert und nur die letzten Reste liegen lassen. Alles voller eingeschlagener Apotheken und Tastaturen. Was ist das nur für eine Welt?, will Veronika wissen. Die Erste, sagt der Freund von der Dings und fügt unter Verwendung seiner Brauen hinzu: Freu dich drüber.

Aber worüber denn freuen? »So ist den Verzückten zumute, wenn Gott von ihnen weicht und ihren eifernden Rufen nichts mehr antwortet.«[85] Und sie wisse schon, andere Leute haben ganz andere Probleme, aber sie habe schließlich auch welche, und wenn andere Leute sie um ihre Probleme beneideten, dann wäre das ja auch ein Grund, die zu haben, und wenn es nur andernleuts Träume von einem besseren Leben wären, in dem es auch mal solche Probleme gebe. So.

Veronika am Waldrand, Veronika auf dem Weg zur Straßenbahn, Veronika *non-plussed* beim Blick in ihr Portemonnaie: Was mach ich denn gerade? Und die Frau hinter dem *counter* sagt: Sport, das ist ein Studio. Sie machen Sport. Ja, eine gelöste *fixation* reißt so einiges mit. Wo das abgeht, da willst du nicht dazwischenstehen. Jemand sagt: *Desire is war*, und Veronika antwortet: Du bist süß. Der Hügel ist hoch, die Halde ist höher, von dort aus besehen wirkt alles so dünn und gering. Welches waren noch mal unsre Farben?, will Veronika wissen. Zinnober, kreiselnde Rauten in Ultramarin, das blinde, das bleiche, das gewürfelte Grün. Nein, es war ein abstrakter Hamster vor einem Paisley-Muster in fliedrigem Grundton. Aha. Polyester. Ja, wie bei Jockeys.

Mit einem Ast habe er noch zuletzt Pläne in den Sand gemalt, das erstaunte mich, sagte sie, denn sie habe immer gedacht, auf dem Feldherrenhügel herrsche Rasen. Er kommt mit der *lunchbox* und teilt ihr mit: Ich hab dir das alles schon mal totgestellt, falls du später etwas davon haben willst. Vielen Dank. Jetzt müssen wir nur noch festlegen, wer verbündet ist und wer nicht. Ein helles Gewitter kommt näher, der Freund von der Dings wedelt mit den Armen, schreit Befehle nach unten. Als Feldherr bist du ein Versager. Jetzt sag ihnen, sie sollen sich sammeln, sag ihnen, sie sollen abziehen und endlich die grünen Provinzen besiedeln, die ich ihnen geschenkt habe. Felder bestellen. Ne bestellen, nicht verbrennen. Mein Gott, ist das denn so schwer zu verstehn? Und was abzieht, soll sich benehmen. Seid tüchtig, wisst ihr, im Sinne von Beeten, Ziegen, Makramee und leichter Lektüre, Frauen … ah, die Frauen.

Das sei eine ganz hinreißende Entzündung des Reduzierten gewesen. Wie Strukturen im Kalk und ganz nah heranzugehen. Auch mit dem Finger. Weiß auf weiß auf weiß. Es ist der Körper, ist es der Körper? Es ist die neue Temperatur des Wunsches, und am Obststand steht Veronika und kräht: Arschkalt. Und das sei doch super, denn jetzt sei es endlich so, dass sie nicht solle, nicht könne, nicht dürfe und nicht wolle. Hier ist es wieder, das emphatische Und, auf das das Wir (das Pathoswir im Übrigen) schon so lange gewartet hat. Dann ist ja alles im Lot. Super.

Ja, da ist eine Stelle im Gehirn, wo alles angeliefert wird. Angeliefert? Abgeholt doch eher, oder? Wir sind doch gerade bei der Verarmung. Nein, auch die psychische Verarmung sei ein Vorgang des Beladens. Man solle nicht annehmen, dass das keine Wirkungen auf den Körper zeitige. Seine Materialität und wie sie sich ändert. Das ist die hölzerne Saison. Das die tönerne. Das sind die Schmerzen. Und das, meine Liebe, ist die kleine gelbe Stelle in deinem limbischen System, wo all das gespeichert wird. Das ganze schmerzliche Wissen großflächig gemerkt. Eine Art der Entweltlichung, wenn man so will.

Es gibt Leute, die nach Abzug der *rêverie*, nach Abzug der Euphorie, nach Abzug der Trauer wie Schmerzen sind, wie ein Gestell aus Schmerzen. Und wenn dann mit dem Aufbau etwas nicht stimmt, wenn das ins Knacken oder Trudeln gerät, weitet sich das aus. Veronika sagt: Ich möchte diesem Gefühl deinen Namen geben, nein, ich nenne es: das bucklige Gefühl. Die Dings hätte noch gemeint, das sei jetzt ziemlich fies (wobei schon auch präzise), und sie, Veronika, habe aber gesagt, erstens wisse das ja keiner, und zweitens könne die Ausschüttung von Adrenalin zuweilen eine Präzision und Schnittigkeit befördern, da käme man im beruhigten Zustand ja gar nicht drauf.

Der einzelne Körper verkommt, behauptet Veronika. Wirklich. Es sei wirklich nicht erstrebenswert, so in der Kontrolle zu sein. Vor allem da dieser Mut, sich wegzugeben (Mut?), einem, länger nicht praktiziert, völlig abwegig erscheine. Ja, ja, sagt der Freund von der Dings, das ist das, was an deiner selbst erfundenen Quatschfakultät seit Neuestem gelehrt wird, aber das fällt zurück hinter alles, was du jemals gedacht hast, meine kleine Veronique-nique-nique mitte tique-tique-tique. Doch, doch, doch, Disziplin kann eine Form der Verwahrlosung sein, sagt Veronika, und: Ich kann es beweisen. Und prompt krachen die Wirbel gegeneinander, und ich kann mir gar nichts mehr vorstellen, nicht einmal mehr das einmalige Vorstoßen des Beckens.

Zuinnerst müde sei sie. Oder ist es einfach nur die autonome Schmerzerinnerung, die sie so ermüdet habe. Woher, bitte schön, soll ich das denn wissen, sagt Veronika, immerhin habe sie keine Erfahrung mit Schmerzen und auch kein Interesse daran, auf diesem Gebiet zur Expertin zu werden. So fühlt es sich an, das gestörte Vertrauen in die Beweglichkeit, die immer noch nicht wieder zurück ist. Und irgendetwas intoniert die ganze Zeit das stumme Lied der Schonung. Es ist aber kein Trost darin. Der sekundäre Krankheitsgewinn will sich partout nicht einstellen. *Hinleging*. So vertalgt mein Denken, sagt Veronika und schaut sich im Spiegel an, wo sie eine prinzipielle Zunahme von tiermastähnlichen Zügen erwartet.

Dann wieder das vertrackte Herumwedeln der Musik, des immer gleichen Lieds. Wir schaffen einen musikalischen Vertrauensraum, in dem sich alles einfach wiederholt. Das ist es doch, was du willst, Veronika. Musik, elastisch, nass und quietschend, ein hochgejazztes Fensterleder. Dann aber auch wieder die Staffelei, wie sie sich hin und her bewegt und knackt, das Gerüst der

Musik, irgendetwas, was vor dem Gemachten liegt. Das Knochen-
127 gestell. In diesem vorgängigen Atelier sei jede Bewegung ein leises hölzernes Geräusch. Dann sag ich ihr: Sei ehrlich, Veronika, wann hast du das letzte Mal bewusst klassische Musik gehört? Im Taxi, nach dem *screening*, von Kreuzberg zurück nach Moabit. Das müsse erst mal ausreichen, hier. (Also bitte sag nichts über Haydn, Veronika.)

Die Knorpelbildung zwischen meinen Schultern erscheint als eine ganz neue Verknüpfung und ersetzt ab heute den Seeweg. Ich liege herum wie ein Splitter, wie ein Holzscheit, wie ein Brett, unangefasst und starr. Ja, sagt Veronika, ich leide wie ein Brett. Und kurz bevor der Hurrikan kommt, werde ich vors Fenster genagelt, und danach darf ich jahrzehntelang in lichtlosen Kellern faulen. Na super. Das ist das beste Körperbild, das ich jemals hatte. Und wer ist schuld? Wer ist schuld? *I'm not gonna tell you and you don't wanna know.*

Diese Sperrigkeit, die eigenen brüchigen Grenzen. Schaut mich an, bis oben aufgegossen mit Kunstharz und Härter. Bleiben nur die Drogen zur Herstellung von Durchlässigkeit. Diese genussvolle Spaltung, sagt der Freund von der Dings am Telefon, diese Verwundung, die man gut findet. Ich weiß nicht, sagt Veronika, bei mir hilft offenbar nur Whiskey. Und alles, was davon zurückbleibt, ist ein dumpfes Gefühl – und der aufgescheuchte Tastsinn der Haarwurzeln unter der Kopfhaut. Aber dann sei die Erlösung doch noch gekommen, in Gestalt einer Charlottenburger Medizinerin mit einem Diplom der Universität Leningrad.

Ein Hoch, ein Hoch auf die russische Diplommedizinerin, schreit Veronika, ein Hoch auf die Frau, die mich über ihre Faust gerollt hat. Knack. Knackackckckck. Aah. Große Freude, obwohl sie auch danach noch immer etwas hölzern und schreckhaft in der Welt gewesen sei, aber gar kein Vergleich. Da habe sie verstanden, warum wir Tiere sind: Ich scheue nach wie vor vor jeder Treppe. Und das passiere, bevor sie überhaupt bewusst erkannt habe, dass es dort im Einzelfall eine Treppe gebe. Diese Verbindung von Intuition und Angst muss augenblicklich sich lösen, denn andernfalls bin ich verloren.

Schmerzen, scheuen, fremdeln. Das alles (Kleinhirn *is taking over*) passte so gut zueinander. Auch zu dem Entreißen, was der ganzen Sache vorausging. Denn die vormalige Nähe hatte das Spielfeld gewaltig erhöht. Diese Welpennähe und dass etwas zueinander wollte und die Scham ausfiel. Und Veronika sagte, sie habe es im selben Moment schon gewusst, dass sie das ihrem Lebewesen kaum werde erklären können, warum ausgerechnet sie jetzt nach Moskau fliegen müsse. Da habe es sich angefühlt, als habe man sie von ihrem Rudel getrennt, an der Nackenfalte herausgerissen und wo hingetan. Ihr lautloses Wimmern. Ach, dieses Häufchen Liebe.

So habe sie die kreatürliche Seite des Vermissens kennengelernt. Das sei die schlimmste. Außerdem müsse irgendetwas mit ihren Organen passiert sein. Sie wisse nicht mehr, wo die seien. Wo ist die Lunge zum Beispiel? (Aber Veronika, die Lunge hast du doch markiert. Ja eben, aber das muss ja nichts heißen.) Wie sich der Körper umbaute. Als habe man ihr ein Loch in die Mitte geschlagen und das befüllt mit irgendwas, das nur beinahe das gleiche Volumen hatte. Wie sich die Materialien austauschen und alles Schritt für Schritt ins Anorganische hinüberwolle. Das nicht aushalten zu können. Ob das hier noch Fleisch sei? Ist das Fleisch, ist das Haut, sind das Organe und Knochen? Ich weiß es nicht, sag du es mir. (Kennen Sie schon unser neues Sprachdialog-System?)

Wie alles durcheinandergeht. Sie sei zurückgekommen nach Berlin, und der Schnee, der schwere Schnee habe auf den Bäumen gelegen, und der Schnee habe ihr ein so unmenschliches Gefühl von Gehaltensein eingeflößt, ach Gott, ach Gott, dass sie im Taxi hätte losheulen müssen. Nicht darum herumzukommen, alleine zu sein. An Stifters Kinderlosigkeit gedacht und an die eigene. Zu guter Letzt sei es dann nur noch die Fettleibigkeit, die hochbekannte, gewesen, die sie alle einte. Das verquere Begehren im Ausbau der Körper, bis sie dann endlich, endlich zu nichts mehr zu gebrauchen sind.

Es lassen. Sie müsse es ja schließlich auch lassen, alles zusammengenommen. Und was davon soll jetzt doppelt unterstrichen und berechnet werden – brutto wie netto? Ich weiß es nicht, nur eines: dass es immer so kalt sei, offenbar seitdem. Die Temperaturen hätten sich aller Wahrscheinlichkeit nach gegen sie verschworen. Diese Temperaturen machten nämlich alles mit, alles. Die Minustemperaturen sind die Verkörperungen der entzogenen Nähe, sagt der Freund von der Dings. Na, danke schön, sagt Veronika, und wo soll ich jetzt damit hin?

Aber die eigentliche Frage sei doch, so Veronika: Wie kann ich meine Seele schützen? Und weil keiner antwortet, muss sie es eben selber machen: Auf keinen Fall, indem ich meine Seele schütze. Das muss klar sein. Aber wie? Tscha, sagt der Freund von der Dings, mein Vorschlag wäre: *Count your blessings, name them one by one. Count your blessings, name them one by one. Count your blessings, name them one by one.* (Und jetzt muss der aber sehen, dass er Land gewinnt, sonst kriegt er zünftig inne Fresse).

MAKING OF – Von einem Film geliebt zu werden

»die idee, geliebt werden zu wollen, aber nicht von einer person, auch nicht von vielen personen (als publikum), sondern von einem film. einem film als projekt, nicht nur als ergebnis, sondern davon: involviert zu sein, aber eben auch als objekt, gesehen zu werden, gesehen-werden herstellen + das als gruppe.«[86]

Oder wir sagten etwas wie: selber machen und sich dabei zeigen. Veronika sagt: Alle meine Pferde ringen mit der Nacht. Kein Pferd ringt alleine, denn alle meine Pferde ringen mit der Nacht. Wenn mich etwas rühren kann, dann das: Ich sehe eine Herde. Kurz darauf stellte sich heraus, dass in diesem Hoddis-Zitat gar nicht von Pferden die Rede war. Nein, es ging um Pfade. Pfade?, fragt Veronika. Auch gut. Da höre ich dann die nächtlichen Diskursschleifen – da herauszukommen und dennoch weiterzureden. Alle meine Pferde, alle meine Pfade.

Deine ganz persönliche Kommunikationsethik. Wer redet, ist nicht tot, und Assoziationen waren eo ipso Argumente. Wie toll. Nein, ich finde das wirklich toll. Hast du das geprüft? Das gemeinsame Ausharren in einer Erwartungsspannung, dass keiner geht und keiner zahlt und hungrig oder müde wird. Die ganze Skala des Sozialen in jeder Hinsicht durchmessend, und all diese ganz persönlichen Ideen von kreativer Arbeit, magischem Tralala, *timing* und Gunst. Wie wir es machten, dass es dann doch noch ging. Und dann wieder nicht. Und dann wieder doch. Die Dopplung, eine sehr verwickelte Geschichte. Wie viel kannst du innerlich stapeln. *Container – contained.*

Und wir waren schön und verspielt, und wir sagten *fixation* mit französischer Betonung, und wir meinten das, was unmittelbar auf die Einnahme folgte: Diese glitzernden Härchen fesselten deine Aufmerksamkeit für mehrere Stunden, als alles stillestand und überblendete, war die Gewalt der Sonne schattenlos und treu, und Abend für Abend nichts, Abend für Abend nichts als das Vergleichen der Salzkrusten auf den Trikots.

Weißte, wie bei Weber, an der Schwelle der Veralltäglichung des Charismas. So wurde die Ekstase als Objekt eines Betriebs in Pacht genommen. Und Veronika sagt: Das muss man sich erst mal reintun, ein Pachtverhältnis zur Ekstase. Die Farben, die Konturen, der leichte Schritt über die Felsen im Gegenlicht – ach, diese Insel, ach, diese Liebe für alle und alles, und die Unverwertbarkeit des Schlafs. Hellwach waren wir. Als hätten alle nur eine begrenzte Summe Schlaf zur Verfügung, mit der es sparsam umzugehen gelte. Aber so sei es doch eh, jetzt mal langfristig gesehen. Ach, Veronika, bitte. Lass das einfach mal aus.

Aber wenn es so ist, wenn es hell ist und wach ist und schnell ist, dann mache ich das, sagt Veronika, dann mache ich das statt allem anderen. Ohne mich zu fragen, was auch noch hätte möglich gewesen sein können. Nein, dann mache ich genau das, an einem bestimmten Punkt meines Interesses fixiert. Mit einer ungeheuren Energie, als sei es Liebe gewesen, denn »was die Liebe in mir enthüllt, ist die *Energie*. Alles, was ich tue, hat einen Sinn (also kann ich *leben*, ohne zu klagen), aber dieser Sinn ist eine nichtfassliche Finalität: er ist lediglich der Sinn meiner Kraft.«[87] So war das nämlich, und möglicherweise war auch das mit ein Grund, weswegen der Schlaf aufhörte.

Und mit dem Schlaf, so Veronika, hörte auch das Bewusstsein von Schuld auf. Ist die Müdigkeit denn nicht auf ihre Weise die früheste Einübung in Schuld?, will Veronika wissen. Wer jetzt nicht schläft, wird morgen nur noch ein müdes Wrack sein? Einholen kannst du das nicht, ebenso wenig wie lagern, für später. Nein, nein. Nein. Da sei sie glücklich gewesen.

Dieses Glück allerdings war nicht zuletzt ein Diskurs, eine Aufgehobenheit in Sprache. Eine sprachliche Idylle. Taktvoll und zart. Könntest du bitte ein Weile über meine Figur nachdenken. Ich denke indes über deine nach. Wir lernten: »Glück ist Kategorie nicht des Einzelnen, sondern der Gesellschaft.«[88] Die gemeinsame Erziehung der Wünsche, damit das Schlechte schmerzhaft werde.

Auf den Fotos, sagt Veronika, sei eigenartigerweise gar nichts davon zu sehen. Trotz der vulkanischen Temperaturen auf der Insel wirkten die Leute auf den Fotos, als würden sie frieren. Und auf den Probeaufnahmen sei es keineswegs besser, sondern eher schlimmer. Gleichzeitig blass und errötet sei sie gewesen, wie ein aufgeregtes, wenn auch seliges Ferkel. Also von der Egoästhetik her durchaus verzichtbar.

Wer sich derart bedroht fühle durch das Soziale, hatte Veronika anfangs gesagt, der dürfe das gar nicht erst anfangen. Muss das schließlich auch nicht anfangen. Ich selbst, sagt Veronika auch heute noch, fühle mich nicht bedroht. Oder doch. Und selbst wenn, dann weiß ich zumindest, wo es was zu verlieren gibt.

Dieser Abend, an dem die Dings später hinzukommt und die Gruppe zappelig, uffmüpfig um den Tisch herum findet und vor der Brust beflosst, alle ganz auf der Höhe ihrer Konzentration und aufgerichtet wie von einer zu hoch gesetzten Taille, und alle sagen: Wir schreiben jetzt unseren Sextext. Jeder von uns schreibt einen, und dann hauen wir die in den Verteiler. Jessas, das Schamdisaster ist nur einen Mausklick weit weg. Gleichzeitig hat die Sache einen eigentümlichen Reiz. Wie es denn wäre, den zu haben, und müsste die Verschickung nicht koordiniert, ja automatisiert werden wie bei der gleichzeitigen Abgabe eines noch nicht zugelassenen Medikaments an mehrere Probanden? Später würde es dann heißen: Hast du schon deinen Sextext geschrieben? Nein, ich nicht, aber die Dings hat einen geschrieben. Also, ich schreib jetzt meinen. Was denn? Meinen Sextext. Was man alles tun kann. Was aber, wenn wieder einmal nur das Gegenteil dabei herauskommt? Dann ist das schließlich auch was, nur eben umgekehrt. Und ein wenig mühsamer vielleicht.

Ob Denken in Gruppen überhaupt möglich sei – haben wir darüber nicht bereits gesprochen? Als ein Ideal, eine Aufmerksamkeit, die sich aus einem System speist, an dem mehrere (was war jetzt noch der Plural von Bewusstsein?), an dem also mehrere Monaden mit weit aufgerissenen Fenstern beteiligt sind. Natürlich gibt es Dinge, die man alleine wissen muss, andererseits ist man nicht alle Köpfe. Zum Glück.

Wer in eine Gruppe hineinspricht, spricht in eine Atmosphäre von Lähmung und Faszination hinein. Manchmal überwiegt das eine, manchmal das andere. Die Faszination kann in jene blendenden Momente der Produktionseuphorie münden, in denen Denken, Sprechen, Mitteilen, Verstandenwerden und gemeinsames Weiterführen eine gleichsam pyrotechnische Allianz eingehen. Eine Person allein kann so was gar nicht machen. Eine allein kann aber auch nie so schmerzlich die soziale Verstockung des Denkens erleben. Wie lähmend das sein kann. Dagegen hilft die Flucht – hinein in die hohe Nacht und die kalte, dunkle Luft. Oder die Fenster zu öffnen und die Welt hereinzubitten.

Jedem Denken in Gruppen, so Bion, eignet eine psychotische Qualität. Grund dafür seien die Denkimpulse, die überall rund um den Tisch aufpoppen – wenig vorhersehbar und von einer verunsichernden, fremden Denkleistung befeuert. Was immer du denkst, ich will es (nicht) wissen – und schon ist es (nicht) da. Forciert ließe sich behaupten: Wenn ein Guppenorganismus ein Individuum wäre, dann wäre dieses Individuum psychotisch.

Denken in Gruppen bringt außerdem eine genuin halluzinogene Produktionsmaschine in Gang – ein Phänomen, das Veronika den Großen Rand nennt, ein mehrfach gesättigtes, hochgradig ornamentales Umfeld. Ab heute schreibe ich nur noch den Rand. Ich schreibe mich immer schon mit. Man bekommt das Ganze nicht ohne den Rand. Um was immer ihr euch schert, schert euch eben. Dieser Rand, der das herzustellende Produkt umgibt, speist sich aus dem Imaginären aller Beteiligten: in jedem Kopf ein anderer Film.

Es handelt sich um ein bewegliches Produkt konkurrierender Ent-
135 würfe, die jedoch eines miteinander teilen: dass sie sich noch nicht dem Zugriff des Realwerdens aussetzen müssen. Und dass sie, befangen in einer quasi fliehenden Haltung, ungemein produktiv sind. Die Gruppe, die sich trifft, um etwas herzustellen, wird immer auch (oder vielleicht sogar vor allem) um das Ausstaffieren des Rands bekümmert sein. Und je weiter der Rand ausstaffiert wird, je größer der Radius wird, an dem alle weiterarbeiten, desto größer wird letztlich die Distanz zu dem Produkt, um das es doch eigentlich geht, sei es eine Inszenierung, ein Drehbuch, ein Haus.

Diese wortreiche Produktion des Außenbezirks, gewissermaßen eine kosmische *banlieue* der Attituden, kann eine Dynamik entwickeln, die von den Beteiligten eine stabile Frustrationstoleranz erfordert – wenn es darangeht, sich wieder dem Produkt zuzuwenden, dem Gemeinten, dem kleinen, harten Ding in der Mitte. Selbst nachdem es sich erwiesen hat, dass man diesen beweglichen Assoziationen, diesem Überhang des Imaginären, nicht anders als melancholisch begegnen kann, wird es nicht einfacher. Im Gegenteil: Daran erinnert zu werden, dass Projektionen, derer man sich bewusst ist, nichts von ihrer Produktivität einbüßen, ist nur eine weitere Spirale der Kränkung.

Das ist aber auch der Ausbau des Gegenstands, wenn er unter den in der Korrespondenz geschaffenen Bedingungen gedreht und gewendet wird. Und die Sicherheit, sich in jedem Moment an jemanden zu wenden, kann eine energetische Öffnung des Denkens sein. Ich sitze alleine am Rechner und »in mir pfeift der Schlaf wie eine Peitsche«[89]. Nimm alles, was nicht *œuvre* ist, und schick es heraus. Aber was wird dann passieren? Droht nicht der Effekt des Wegkopierens? Wo sind sie denn, die Seitenzahlen? Wegkopiert.

Du weißt schon, dass alles, was du dort hineingibst, dir nicht mehr, oder zumindest nicht mehr ganz, gehört. Die Frage ist, ob der Gedanke sich wehren kann. Kontrolle und Kontrollverlust: *Hey, watch my pony. He's falling down.*

Wenn dann etwas entsteht, dann ist es Sache des ... *timing*, schreit Veronika. Danke, oder Kairos, sage ich, weil ich schließlich die bin, die eine Bildung hat. Veronika sagt: Dein Kairos, das ist doch auch nur ne Klingel. Es geht um einen bestimmten Härtegrad, oder besser: die Materialität der Ausdehnung, die eine Idee umgibt. Denn es kommt vor, dass sich der Raum, den eine noch junge Idee braucht, um sich zu entfalten, einfach davonmacht, und mit ihm die noch nicht entdeckten Möglichkeiten der Idee. Die Tür schließt sich, und man steht davor mit offenen Händen. Hinzu kommt die Befürchtung, dass von einer kantigen Idee – oder lass es eine steile These sein – am Ende, nachdem sie durch den mäandernden Flusslauf des Gruppenprozesses geschickt worden ist, nur noch ein demokratisch abgeschliffener, um jede Radikalität beraubter Kiesel übrig bleibt. Langeweile.

Andererseits wohnt in diesem Parforceritt auch eine Chance: Eine Idee, die es wert ist, sie so weit zu verfolgen; eine Idee, die eine solche Reise rechtfertigt und die sich fortlaufend behaupten kann gegen die Zugriffe der *community*, wird gleichsam gehärtet. Das Feuer feit. Würde man es denn, allein gelassen mit sich selbst, überhaupt auf sich nehmen, Gedanken so weit treiben zu wollen, bis an ihr auf kollektive Strukturen aufgespanntes Ende? Zu Ende gedacht und doch noch am Leben? Andere würden jetzt sagen: *The horror, the horror*, der Luhmann aber sagt: Legitimation durch Verfahren.

Man könne sich nämlich auch eine Utopie des Umständlichen ausmalen (*oh please*). Durch wie viele Köpfe willst du denn damit

137 noch durch? Auf der einen Seite stünde die Dauer oder auch die »Konfliktdämpfung durch Schwächung und Zermürbung der Beteiligten«, auf der anderen Seite die romantische Idee des ewigen Gesprächs. Die Erschöpfung sei eben der Preis für die Überanstrengung der Wahrheitsmöglichkeiten, wenn man Wahrheit dieses Mal als Übertragung reduzierter Komplexität begreifen wolle. »Ein Verfahren wäre nach dieser Auffassung eine von anderen gesellschaftlichen Rollen abgesonderte, relativ autonom gesetzte Rollenstruktur, in der Kommunikation mit dem Ziele richtiger (an Wahrheit orientierter, gerechter, rechtmäßiger) Entscheidung betrieben wird.«[90]

Die Belastung steigt mit der Zahl der Beteiligten, die sich jeweils der Pflicht zur Begründung des Unterlassenen aussetzen müssten (find ich jetzt aber nicht – find ich aber doch). Und dann höre ich wieder den emphatischen Begriff des Aushaltens, den Luhmann an dieser Stelle entwirft. Das sei eben die Leistung eines Verfahrens, eine ungewisse Zukunft (im Original kursiv) »*auszuhalten.*«[91] Das müsste dir doch gefallen, Veronika. Wenn noch was zu trinken da ist, sagt Veronika, dann vielleicht.

Da formiert sich etwas. Da gibt es plötzlich ein Selbstbewusstsein des Weitersprechens in der Gruppe, das sich ganz genau beschreiben lässt und das sich verändert mit jeder Person, die hinzukommt oder geht. Dieses Aufeinandertreffen hat seine Zeit, aber es gibt immer auch die Zeit nach dem Treffen, in der der bisher geführte Diskurs eine gewisse Intimisierung erfährt. Das, was ich auch hätte sagen können, offenlegen oder eine Idiosynkrasie erläuternd abfedern, eine Motivation biografisch nachzeichnen, auf dem Heimweg. So öffnet sich ein neuer Bereich, in dem die erweiterte Ichfreigabe beides sein kann: Selbsterfindung oder Weitermachen.

Die Einkehr auf dem Heimweg: Das ist der Moment, in dem der Zweck entfällt und das Ziel sich am Vergnügen ausrichtet. In einer anderen Sprache weiterzusprechen, die auch noch die eigene ist. Eine *privatesse*, die sich Raum sucht zwischen zwei Diskursen. Wenn ich das nun Produktion von Freundschaft oder Freundschaft durch Produktion nennen würde, dann würde mir Veronika über den Mund fahren, insofern will ich lieber vorsichtig sein.

KUNSTRAUM BEGEHREN

Meine Gruppe oder, besser: mein Filmteam sagt: Wenn das *Making of* von den Produktionsbedingungen des Films handeln soll, dann muss es vom Reden handeln. Dann müssen wir eben das Reden ausstellen. Wie willst du denn das Reden ausstellen? Etwas Blöderes als Reden durch Poster darzustellen, kann ich mir gar nicht vorstellen. Dann eben Lautsprecher? Das ist dann halt die Frage von Selbstdokumentation und Narzissmus, nicht wahr. Find ich ja nicht so toll, solche publik gemachten Selbstreflexionen.

Alte Fernseher in verschiedenen Größen. Oh ne, bitte kein so ruinöses TV-Set, das geht gar nicht. Wandgemälde vielleicht? Fotorealistische Alla-Prima-Malerei, ich will die Kopfhaut sehen, direkt auf die Wand. Und in gebrochenem *chic*, der den ständigen Druck zu businesskompatibler *hipness* aufruft. Aber auch trashig, mit einer soapigen Flachheit. Aber nicht loungig.

Pingpongplatte mit einer Spiegelwand. Und Fotos. Schon mindestens 70 auf 100, finde ich. Eine Spiegelfolie auf der Fensterseite. Es wird nur gegen sich selbst gespielt, nicht, auf keinen Fall darf das Ganze irgendwie jugendclubmäßig wirken. Selbstverständlich nicht. Spiegel braucht man eigentlich auch nicht mehr. Aber gegenüber der Spiegelfolie dann das Wandbild, das starrt den einsamen Spieler von hinten an. Dazu trägt der Spieler einen Kopfhörer, der ihn vollquatscht. Tut er, mein ich, muss er.

Oder Hörspiele machen, die genau diesen Produktionskollaps simulieren, wenn alles durcheinandergeht, die lautstarke, die implodierende, unaufhörliche Rede. Wenn das Denken in das Gruppendenken fällt, Geschwindigkeit, das berühmte Feuerwerk in einem geschlossenen Raum, da hab ich gerade was gelesen, schick ich rum. Ja genau, wie in Leipzig, als wir über Verführung geredet haben. Habt ihr in Leipzig über Verführung geredet? Wer war denn da mit? Nein, die Frage war vielmehr so, es zu tun oder es zu werden, und was einem lieber ist. Und wenn zwei sich treffen, die es beide werden wollen, passiert überhaupt nichts, hihi.

Und alles zwischen sehr Persönlichem und sehr Allgemeinem, und es muss eine enorm laute Tonspur mit drauf, so Ideen, die man selbst schon nicht mehr versteht, während man sie sich betrunken in einem Club entgegenschreit. Aber nicht so kneipenmäßig das jetzt. Ne, kneipenmäßig auf keinen Fall. Kann ja auch anderer Lärm sein. Das Ganze darf auf keinen Fall vergnüglich sein, nein, darf es nicht. Man darf sich auf den Humor nicht verlassen, es muss ein unheimliches Element hinzukommen. Wir machen keine harmlosen Sachen mehr. Definitiv. Oder so Sachen an der Decke verschrauben, eine Kreissäge trifft ein Fixerbesteck auf einem Wickeltisch. Ich kenne jemanden, der total viele Degen hat, eine ganze Sammlung. Wer ist das denn?

Kennst du nicht. Wenn alle hier drin rauchen, muss aber die Tür offen bleiben.

Einkalkulierte Peinlichkeiten, Surrealismus. Genau, die Wiederbelebung des Surrealismus, das ist wirklich super peinlich, das ist *the heart of darkness of peinlichkeit*. Genau, es muss peinlich sein, wenn wir auf Peinlichkeit setzen, kommen wir da wieder raus. Der Verstörungseffekt müsste natürlich aktualisiert werden. Wo Peinlichkeit ist, ist immer auch noch was andres. Mut und Befangenheit und Takt. Peinlichkeit kommt von außen. Kommt aber auch von innen. Ne, dann wärs Scham. Dann lasst uns eine Peinlichkeitskammer aufbauen, das wäre dann ja auch richtig communitymäßig, ich meine jetzt im Sinne von Übertragung.

Eine Ballmaschine wäre doch eigentlich eine schöne Sache. Wie wäre es mit einer Falltür? Und dann den Ball erst mal voll inne Fresse ... Dann kommen Ziegen rein, es muss schon ein bisschen fies sein. Fettecke *meets* Du darfst. Und dann Selbstdarstellung, aber im Fluss sein, das ganze Weggerissene muss mit rein. Das Weggerissenwerden. Über das eigene Leben sprechen, das nicht das eigene ist. Die zwei Millimeter Abstand. Selber machen und sich dabei zeigen. Zitathaft. Du meinst zwanghaft. Zwanghaft zitathaft. Und Narzissmus ist kein Thema. Narzissmus ist kein Thema? Natürlich ist Narzissmus Thema. Das ist überhaupt das Thema.

Ich stell mich da doch nicht drei Wochen hin und rede über das eigene Leben. Um das Weggerissene gehts ja auch. Darüber auch nicht. Dann brauchste eben doch Kabel. Die Leute mit einem Kabel zu immobilisieren, ist doch scheiße. Und Pingponggeräusche aus allen Ecken, Stereoeffekte. Nein, wir brauchen einen Sender. Einen Sender in oder auf einem rosa Plexiglas-Eiffelturm, verziert mit Brillies, Wiederkehr der verdrängten Anteile einer pubertären Libido, ornamental und so was alles.

Ich find Ponyaufkleber aber echt peinlich. Ihr wolltet doch Peinlichkeit, und dann zeigst du mit beiden Händen und der Hüfte, wie der Sender funkt, zumindest bei der Eröffnung. Gib doch noch mal den Grundriss. Also aus dem Archivraum machen wir einen *chilloutroom* oder einen heterosexuellen *darkroom*. Ach was. Nein, das Vernon-Panton-Sofa in knallrot. Hat jemand noch was zu essen? Hat die Bäckerei noch auf? Wir machen eine geschichtete *talkshow*, wie auch immer.

Interaktivität ist doch auch so ein Fetisch. Es muss aber schon *catchy* sein. Bei der Praktikantinnenwirtschaft da? Die sagen doch kein Ton. Manchmal hab ich echt Sehnsucht nach Kette rauchenden Sekretärinnen. Aber es soll schon das sein, was man mit sich selber macht in der Produktion, und das zurückzuspiegeln, das ist dann doch beunruhigend genug. Kannst du mir noch mal sagen, wie viel Uhr es ist? Ich find halt veröffentlichte Gruppenselbstreflexionen nicht so eine tolle Geste. Ja, das hast du schon mal gesagt, aber das machen wir ja auch gar nicht.

Ich will nichts Vermitteltes mehr, ich will Sachen, die total direkt sind. So direkt wie eine Ataflasche. Das ist doch wieder deine Sehnsucht nach *close-ups*. Na und? Oder solche Optimierungssachen, die voll Anti-rumhängen sind. Was, du rauchst immer noch, und so. Oder der beunruhigende Effekt, der sich einstellt, wenn andere Leute was über dich erzählen. Du meinst: Die raucht immer noch? Mich beunruhigt das nicht.

Nein, das verstört einen, selbst wenn es nicht machtvoll eingesetzt wird, Lob oder Intrige, ganz gleich. Lob ist ja eh so ein Ding, wo man nie genau weiß, was das ist und warum. Aber ich mein das jetzt gar nicht korrupt, eher so im Sinn von Begeisterung. Wirklich. Dann kann man es ja auch sagen. Ja, oder wenn man verliebt ist und nicht durchkommt, dann gibt es immer irgendwelche Mittler, die sich anbieten. Mit denen darf man nie zusammenarbeiten. Aber wenn das der einzige Kontakt ist? Ich hab zum Beispiel schon mit Leuten telefoniert aus dem einzigen Grund, dass ich wusste, dass die Person, die ich nicht anrufen konnte, auch manchmal mit denen telefoniert. Nie. Das sind emotionale Parasiten. Wieso, das findste doch gut. Find ich nicht. Wie kommst du denn darauf?

Das ist aber auch ein komplizierter Punkt – also ambivalent, wenn keiner über dich spricht, kommst du nicht vor, andererseits hat das Ganze ein machtvolles, auch zerstörerisches Potenzial. Könnten wir nicht diese Ambivalenz benutzen? Das Über-Personen-Reden, voll *bitchy*, schablonenhaft, beliebig, einfach um die Personen, die die Ausstellung besuchen, miteinzubeziehen. Und es müsste total direkt sein, so wie wenn jemand auf einer *dinner-party* sagt: Ich verabscheue meine Tochter, ich denke daran, ins Ausland zu gehen. So was sacht doch keiner. Meinste?

Ich werd aber nicht wochenlang in München rumsitzen und *bullshit* improvisieren. Bringst du Wein mit, wenn du Zigaretten holst? Echt, ich mach nie wieder was Improvisiertes. Ich auch nicht. Es geht ja auch nicht darum, die Besucher zu dekonstruieren, sondern Probleme so zu transportieren und in Bewegung zu bringen, dass die Leute sie mit sich herumtragen können. Und Bier. Dann brauch ich aber noch ein bisschen Geld. Ne. Man muss viel eher etwas Bekanntes ansprechen. Aphoristisch. Zum Beispiel der gebrainwashte Kunsthändler. Da drüben, das sieht aus, als würde die Decke runterfallen. Was weiß ich, Geld, der Typ, dem du einfach so zweihundert Euro gegeben hast, weil du gedacht hast, du würdest ihn kennen.

Schon in der Körperhaltung vielleicht, oder Sachen, die man nur mit zurückgelehntem Kopf sehen kann, runterfallen, oder tief fallen, Sex, oder so was Ähnliches wie Sex. So wie wenn man immer wieder das gleiche Wort sagt. Zum Beispiel vor ein paar Tagen hat der immer wieder das Wort »hochsubventioniert« gesagt und nicht damit aufhören können. Wie, beim Sex? Nein, in der Küche. Find ich harmlos. Wiederholung ist doch nicht harmlos. Wohl. Ja aber, wie bei der letzten Biennale zum Beispiel: Vielleicht ist das der Horror, dass man den eigentlichen Horror nicht erlebt.

Aber es hat doch jeder eine andere Haltung zu einer vermeintlichen Privatheit. Den privaten Raum respektieren oder ihn durchdringen. Ich stelle mir so Worte vor, Worte, die ziepsen ... peinlich über Gefühle reden und über Auras, solche Peinlichkeiten. Ich will aber auch keine einfache Entlarvung. Entlarvung ist langweilig. Die gelangweilte Position ist auch eine privilegierte. Was soll das jetzt?

Es kann hier sowieso niemand über Gefühle sprechen. Wieso, in französischen Filmen machen sie doch nichts anderes als über Gefühle sprechen. Das ist ja eben das Problem. Aber ich dachte, wir machen doch einen, einen französischen Film. Wie spät ist es denn jetzt? Um elf muss ich nämlich weg. Wir sollten mal über Sex reden. Erst mal machen wir die Ausstellung. Wir machen beides. Hier hat doch auch noch keiner seinen Sextext geschrieben. Doch, ich. Aber ich werd doch nicht als Einzige hier meinen Sextext rumschicken.

Nein, sich selbst als Objekt behandeln. Psychologische Ebenen völlig ausblenden. Ich will nur noch chemische Probleme. Es müsste eben aber doch ein Diskurs über Liebe sein, über die sinnstiftende Funktion von Liebe und über Beziehungen, die auseinandergehen, über das Überdrehen des Diskurses, und die Körper sind immer noch da und irgendwie schwer, erschwert – und über das Begehren, darüber, dass man immer weitermacht und dass es sich nicht stillen lässt. Und das ist eben auch, wie den Film zu machen. Dass man nicht aufhört.

Das ist wie bei Žižek, die Sache mit dem Frosch, der die Bierflasche umarmt. Weil nämlich der Prinz denkt, er hätte jetzt lieber eine Flasche Bier. Quatsch. Nein, der Prinz begehrt das, was sein Begehren auslöst, und sobald die Prinzessin da ist, wird sie zur Bierflasche. Weil: Die Prinzessin erfährt angesichts des Prinzen die Erfüllung ihrer Projektionen, der Prinz sieht das, was sein Begehren auslöst, aber es ist da, und er hätte stattdessen gerne eine Flasche Bier. Das ist Žižek-Quatsch, und der Film war auch scheiße. Den hab ich nicht gesehen. Krieg ich eine von dir?

Aber was an dem Žižek-Film toll ist, ist, dass man ihn sieht in Konfrontation mit seiner eigenen Theorie. Wieso denn in München? Das ist genau wie bei *Psycho*, da führt er die Frauen in das verbotene Zimmer. Žižek sagt, dass er ohne diese Tabukammer nicht arbeiten könne. Die Frauen wollten aber, dass da reingegangen wird. Da fängt dann Žižek mit einer Attacke aus Nebensätzen an. Die Nebensätze sind eigentlich der Ort, wo der Film stattfindet. Am Ende sind sie aber doch in dem Zimmer, nur das alles so aussieht wie *b_books* bei der Dings ihrer Geburtstagsparty, Bücherregale, alles in Plastikfolie eingeschlagen.

Dann sagt Žižek: Eigentlich geht hier niemand rein, aber solange ich die Eintretenden nicht genau kenne, geht es. Es gehen aber auch sein Sohn und seine Tochter hinein. Wenn die ein Buch herausnehmen, weiß Žižek genau, welches Buch herausgenommen worden ist. Es ist die totale Paranoia. Das war aber anders. Der Film steht für seine ganze Theorie. Weißt du was, du hast eine ungeheuer autoritäre Sprechhaltung, du hakst überall ein, und man kommt nie dazwischen bei dir. Das sollte man mal aufnehmen. Unterbrich mich doch. Hab ich ja jetzt.

Also, der Film zeigt, dass alles, was er gesagt hat, wirklich stimmt, jedenfalls für ihn. Und *lectures* sind für ihn ganz schrecklich, und er hält das nicht aus. Aber das scheint ein neuer Effekt zu sein, früher konnte er reden ohne Ende. Können wir auch. Aber wir sind mehrere. Ja, du könntest das auch alleine, schon klar. Wir sollten das überhaupt mal alles aufnehmen. Das will eh keiner hörn. Bei Žižek ist es genau seine Berühmtheit, die ihm das alles verunmöglicht. Das ganze Hemd ist nass, es ist unmöglich.

Aber später in einem Lokal hat Žižek noch mal die ganze *lecture* gehalten, doppelt so lange. Die lustigste Frage an Žižek war: Sie denken theoretisch, aber sie erzählen Anekdoten … Sie verhalten sich ja eigentlich wie ein Entertainer. Seine Antwort darauf: Das müsste man mal analysieren, er habe immer Angst, nicht verstanden zu werden, und er wolle amüsieren, doch sofort sei der Stress da, dass er das mit sich in Verbindung bringe, dass er das, was er denke, auch lebe. Ziemlicher Stress. Ich hab Hunger. Wegen Lacan, vermute ich mal. Es gibt nichts Subversiveres, als den großen Meister zu kopieren. Hättste das mal früher gesagt, jetzt war ich grad drüben.

Wie, es gibt nichts Subversiveres? Weil Lacan das Situative egalisiert und sich genau auf diese Sache kapitalisiert, indem er das Prozessuale herausnimmt. Was? Ich denke, Takt und Taktlosigkeit wären auch so eine Sache, mit der man was machen kann. Takt füllt die Leerstellen, weil man für die anderen mitdenkt und sich selber verhindert. Das führt zu Eskalationen. So wie bei G. in der Wohnung. Nein, nicht das *Womanizer*-Ding, sondern eher so ein fürsorglicher Hedonismus. Die offene Hand. Also bei mir spielt Liebe keine Rolle mehr, ich bin einfach total gehemmt. Du meinst enthemmt. Das auch, beides eben.

Der hat einen anderen Motor, wobei es eher so eine Flitzebogenbewegung ist. Was Schnalzendes, Schnelles. Ich will lieber Liebe, die keine Anverwandlungsliebe ist, mehr so das Krümmelsche Mineraliending. Liebe besteht nur in Entscheidungen, wenn man sich gegenwärtig anerkennt. Aber das machste auch in sonstigen Beziehungen. Eine erotische Spannung, die aus einer Verspannung, einer Verletzung, einem Ressentiment resultiert, kann ich mir da viel besser vorstellen. Können wir die Tür nicht wieder zumachen? Nein, meine Figur kriegt Liebe und Begehren nicht mehr zusammen. Aber Begehren ist der einzige Affekt, der keine Anerkennung braucht. Begehren kann nichts anderes als Mangel sein, Begehren ist unerfüllte Lust. Pipapo.

Es ist aber so, dass, wenn man es zu früh sagt, dann ist es vorbei, wenn sie Ja sagt, ist es vorbei, und wenn sie Nein sagt, ist es auch vorbei. Es ist eigentlich immer vorbei. Da fängt es doch erst an. Du schaust schon wieder so komisch. In Anbetracht des Begehrens gibt es keinen Mangel, beides ist ein starkes Gefühl. Nach dem Aussprechen geht es um Anerkennung, dann geht es nicht mehr um Begehren. Man muss aber doch sprechen. Das Subjekt ist ein Filter. Das Subjekt ist ein Prisma.

Weil man weiß, dass man auf das Direkte nicht reagieren kann, kann man nicht Ja sagen, die Frage will gestellt werden, aber die Antwort kann keine Antwort sein, weil die Liebesbeziehung eine

Art von Missbrauch ist. Die Zeichen lassen dir keine andere Möglichkeit, deswegen ist die Liebe auch nie Ja Ja, man hört auf jeden Fall eine Differenz. Also ich will, dass die Liebe JA iss. Ja ja ja ja. Sonst mache ich das gar nicht mehr. Ehrlich, ich mach da nichts mehr, was nicht Ja ist. Ist so. Da haste auch recht.

Also Foucault will, dass Begehren Lust ist. Du willst, dass Begehren Begehren ist. Deleuze will das auch. Jetzt lass mal. Deswegen bekommt er auch nichts, das hat etwas mit Abwaschen zu tun. Das hat etwas mit Kindern zu tun. Es gibt zwei Typen: der Lust zu folgen oder dem Begehren zu folgen. Begehren bedeutet, man stellt die ganze Zeit etwas her. Das ist ein bisschen einfach jetzt. Kann man das denn so trennen? Aber was ist mit dem Fall, in dem es nicht getrennt wird. Man kann es nicht trennen.

Der klassische Streit ist der: Jemand kritisiert dich sprachlich für etwas, was du getan hast, ohne zu reden. Wie denn sonst, willste lieber gleich eine inne Fresse oder was. Nein, erst durch die Benennung als Lieblosigkeit wird es zur Lieblosigkeit, nämlich. Erfahrungsgemäß. Wenn das Begehren so vor sich hinwuchert, musst du es einfach noch drei Tage länger im Kühlschrank lassen, dann ist es nämlich endgültig hinüber und kann dann auch weg. Das ist wie dem Dings sein Sakko, das kann auch jeder sehen, weil man es außen sehen kann. Der riecht auch komisch.

Aber als ich den kennenlernte, hat der gar nicht komisch gerochen, also, ich meine, für mich. Mein Kleinhirn hat das komplett umgerechnet und als Love-Ding extrojiziert. Intro, meinste ja wohl. Extro, intro, *woddefuck*. Na dann, Prost Kleinhirn. Ja, aber später dann wieder zurückgerechnet, *shocking*. Das iss halt so ne Sache zwischen meinem Gehirnstoffwechsel und mir.

148 Aber was du vorhin gesagt hast, das will man ja auch nicht. Also, die
149 Psychoanalyse behandelt das Begehren, als würde es wie Liebe funktionieren. Wo denn? Kann ich dir zeigen, aber nicht jetzt, Begehren und Liebe sind zwei verschiedene Formen, im Subjekt gibt es einen Kurzschluss, weil das Begehren mit Tod zu tun hat. Das ist ja wohl Quatsch. Also ich muss jetzt weg. Nein, bitte, bitte bleib noch. Du kannst doch jetzt nicht gehen. Aber warum denn nicht? Weil es eben nicht geht, deswegen. Es hat nichts mit dem Tod zu tun, weil es nichts mit dem Leben zu tun hat. Hat es wohl. Nein, ein auf unendlich gestelltes Begehren ohne Aussicht auf Erfüllung hat überhaupt nichts mit Leben zu tun.

Die einzige Möglichkeit, die Liebe wieder zurückzugewinnen, ist, wenn man es vom Begehren aus tut. Allein ausgemachtes Begehren braucht aber auch die Versuchung, es auszuagieren, sonst wird es langweilig. Langeweile *is not the answer*. Die ganze Sexualität ist motiviert durch Langeweile, würde ich jetzt mal sagen. Entschieden promiskuitiv oder entschieden monogam – *mano a mano*, es ist nicht zu entscheiden. Oder es ist einfach nur eine Entscheidung.

Der tödliche Schuss hat jetzt aber nichts mit dem Anderen zu tun. Dass man lernen muss, dass man sich nicht auf Positionen zurückzieht, wo man nachhaltig vernichtet oder vernichtet werden kann, wenn man dem Anderen ganz und gar beweisen will, dass er oder sie nichts ist, zum Beispiel, oder alles. In bestimmten Momenten ist es wichtig, das Begehren des Anderen zurückzuweisen.

Oder Althusser, der, nachdem er seine Frau umgebracht hat, lernt, wie lieben geht. Wo hast du das denn her? Das steht in dem Buch. Wo er in seinem Schlusswort altersweise von den Rhythmen, dem Seinlassen des Anderen redet. Behauptet er. Behauptet sein Arzt. Sagt er aber auch. Scheiß späte Idealisierung. Die beste Möglichkeit ist, nicht zu sagen: Ich weiß es nicht. Aber das stimmt nicht. Dass man dem Anderen an einem bestimmten Punkt sagt: Ich weiß es wirklich nicht, Liebesdriss.

Meine Eltern waren immer in Gruppen. Und dann dachte ich, so muss es gewesen sein, und die Kinder finden das irgendwie gut, ich dachte, ich bin was Besseres, weil ich damit zu tun hab, aber irgendwann fühlt man sich total ausgenommen, dann ist man total außen, und das ist total schrecklich. Ich war immer in Gruppen. Ich hab Gruppen als Gruppe begehrt, nicht die Einzelnen darin, sondern die Bezüge aufeinander.

Also mir wirds jetzt zu viel. Ich muss morgen früh auch noch was machen. Geh noch nicht. Ich muss aber wirklich. Was du jetzt nicht erzählst, wirst du für immer bei dir behalten müssen, echt versprochen. Weil jetzt, diese Situation ist so unwahrscheinlich, die wird sich nie wieder einstellen. Schwör ich dir. Mit jedem, der geht, geht eine Möglichkeit, sich zu verhalten. Verarmung, ach Quatsch. Doch, genau so, Verarmung. Das ist so dein Überbietungszwang, alles sagen. Du kannst dich morgen eh an nichts mehr erinnern. Kann ich wohl. Offenheit kann aber auch eine Form der Rache sein. Das verändert sich sowieso mit jeder Person, die nach Hause geht.

Ich will eure Geheimnisse nicht mehr. Und morgen kommst du dann wieder an und sagst, du willst wieder alles wissen. Außerdem kenn ich die Geschichten schon. Kennst du schon die Geschichte mit dem Typ im Park? Ne, die will ich auch nicht kennen. Oder die andern erzähln sie mir dann beim nächsten Treffen. Wagt euch nicht. Irgendwie hab ich jetzt schon Nachgeschmack.

Was ist das hier eigentlich fürn Zeugs? Das Zeugs ist der *killer*. Ja, aber das ist das Schlimmste, wenn der Kater schon kommt und der Rausch eigentlich noch da ist. Na, dann musst du jetzt halt gehen.

Jetzt sind nur noch wir da. Ich geh dann auch rauf. Wir brauchen aber noch mal Zigaretten. Da ist eine Kneipe an der Ecke. Welche Sorte? Ich bin voll gegen den Türrahmen geknallt eben, und alle Männer haben gelacht. Dass die überhaupt noch aufhatten. Jetzt noch zu reden, ist so ein bisschen, wie kaputte Förmchen zu ordnen. Lass uns schlafen gehen. Machst du bitte das Radio an?

Das Ablösen der Produkte

Und der Freund von der Dings las zur gleichen Zeit bei Althusser, dass der Philosoph im Begriff sein theoretisches Verhältnis zu sich selbst zum Ausdruck bringe. Althusser. Hat *Das Kapital* nicht fertig gelesen und geschrieben *Lire le Capital.* Das ist natürlich ein Ausbund an Ambivalenz. So stellt sich das schließlich aus. »Wofür man auch den Namen ›Schaufalt‹ hatte, das heißt das vom Kaufmann zur Schau gelegte, aufgefaltete vordere Ende eines Stückes Tuch, das immer das Beste zu sein pflegt und zuletzt verkauft wird.«[92] Veronika meint, eigentlich sei das meiste, was man tue, genau so: *disaster on display*. Da übertreibst du. Zwing mich nicht, es zu beweisen. Nein, hüten werd ich mich.

Am Ende lösten sich die Produkte ab. Zumindest auf meiner Seite. Alle Gesichter remittierten grünliches Licht. Bitte bedenkt, dass der Farbabgleich noch nicht gemacht ist. Wenn das Produkt, das kleine, harte Ding in der Mitte, um das sich die rasante *chose* wie an einer Longe dreht, wenn das nicht standhält, bricht etwas zusammen. Und das passiert nicht nur einmal, sondern mehrfach. Und kein einziges Mal konnte der vorangegangene Zusammenbruch als Einübung in den darauffolgenden dienen, nein, das kam immer wieder anders und mit der ganzen scheppernden Vehemenz des Nichterwartbaren. Nach jeder katastrophalen Entliebung musste der Kontext neu geknüpft werden. Ich sach ma so, ditt iss ne Sache von Koabhängigkeit. Diese emotionale Beharrlichkeit kann man natürlich nicht von allen erwarten. Das ist klar.

Wie lange machen Sie das schon? Seit mehr als zehn Jahren. Im Außenraum wächst die Spannung. Ja, und wann können wir das denn mal sehen? Wann zeigt ihr das denn mal? Wann, wann, wann. Keine Ahnung, und meine Lunge füllt sich mit Wut und anderen Bläschen. Den Leuten müsse man doch recht geben, ja die Leute haben wohl auch recht, wenn die Leute sagen, was hier alles nicht geht, was hier alles nicht richtig ist. Und sie sagen es mir, wem auch sonst, ist ja keine andre da, gerade. Ich kann nicht ausweichen. Das Bewusstsein, einer unfairen Attacke ausgesetzt zu sein, bleibt trotz der Einsicht in die Legitimität der Situation bestehen. Ich kann die Gruppe nicht mehr repräsentieren, ich kann, alleine, wie ich hier stehe, die gemeinsamen Entscheidungen nicht mehr rechtfertigen gegenüber denen, deren Urteilskraft kein Kollektiv ist. Ich spüre, wie die Vermittlung scheitert und erinnere mich augenblicklich daran, wie sich das anfühlen kann.

In welcher Eigenschaft bin ich gemeint, und was ist es, das diese Kritik komplett unerträglich macht? Hier hört das Denken auf. Ich taumele. Mein Verstand kann die Kritik durchaus teilen, dennoch besteht diese ungeheure Sehnsucht nach Einverständnis fort. Die unter den zupackenden Fragen des Staatsanwalts zusammenbrechende Zeugin der Verteidigung, das bin ich. Und es ist keiner da, der es besser weiß. Der die Sprache spricht. Der überhaupt weiß. Stattdessen Wut, der Wunsch, sich selbst zu verletzen oder zu rauchen oder beides. So schmerzlich fühlt es sich also an, wenn Vemittlung scheitert.

Aber schaut doch mal, die Selbstüberwindung, die Liebe, der Fleiß, die hereingegebene Zeit, die Stunden, die Worte, die Bänder, die Krisen, die Telefone, die Ferne, die *fights*, das Geld, das Funkeln, das Essen, die Nacht, das Unglück, das Glück. Als würde jemand an meinem dummen Kind herumnörgeln. Das macht man schließlich auch nicht.

Zurückbleibt ein negatives Gefühl von Gemeinschaft, wie Standbilder in einem depressiven Nachspann, über deren Ratlosigkeit die Kamera ein letztes Mal fährt, kaltes Licht, eingebläut. Die Kritik trifft mich mit den anderen, in unserer Verstrickung, involviert, wie wir alle sind. Sie trifft mich, mich im Besonderen, gegen die anderen, gegen die ich meine ästhetischen Vorbehalte offenbar nicht habe durchsetzen können (da vertrauen wir dir doch), eine ruckende Identifikation, die nicht anders als erlitten wird.

Wenn ich so weit gegangen bin, um ein Gefallen, ein Verständnis herzustellen, und das ist sichtbar, dann kann ich doch erwarten, dass auch Sie mir ein Stück entgegenkommen – ha, ihr wollt geschont werden, ihr Säue. Sofort Empörung auf der anderen Seite. Keineswegs. Trösten, lügen, trösten. Oder will ich es doch? Schnell schalte ich meinen Kopfhörer aus und schaue weiterhin in dieselbe Richtung.

Was ich finde und was ich nicht finde – schade finde oder gut oder besser oder überhaupt nicht. Was für ein Gezerre. Oder wird hier

etwas ausgepolstert, von unten befüllt? Das alles in der Rede
155 und in der Nebenrede, aber dass, so Veronika, mal wirklich was in dem Film vorgekommen wäre von dem, was hier so abgegangen ist … Es seien ja richtig krasse Sachen passiert währenddessen, so lovemäßig, und es habe sie überrascht, dass davon so gar nichts vorgekommen sei. Selbst die Tonspur komplett abgefedert. Das wird der schlechteste französische Film, den man sich vorstellen kann, sagt Veronika. Ach, und wer entscheidet das? Wir. Wir entscheiden das. Veronika? Was ist? Sei ruhig. Sei einfach ruhig.

Was jetzt kommt, ist pathetisch, es geht darin ja auch eigentlich um Mozartopern, und ich höre die Dings jetzt schon lachen, den Kopf in den Nacken geworfen. Und wenn das für die Oper gilt, warum nicht ausnahmsweise auch mal für das prototypische Miteinander, das ich für euch, nur für euch gecastet habe: »Ihr Glück ist da, bevor es am Ende naht. Es lebt in der Gabe aller Personen, sich ohne Rest mitzuteilen: als leuchtende vollständige Anwesenheit jedes Einzelnen in dem Verhältnis, das er zu jedem Anderen, Freund oder Feind, knüpft. ›Glück‹ heißt hier nur zuletzt, dass einem Wünsche oder Hoffnungen erfüllt werden – und nie, dass Belohnung auf selbstkasteiende Weise folgt, dass einer im Kraft- und Krampfakt des Willens sich das gleichgültige oder missgünstige Außen gefügig macht. Zuvörderst heißt Glück, dass jeder mit jedem in Liebe und Kampf beieinander wohnt (und dabei erst, statt in sentimentalisch-terroristischem Einsamkeitsfieber, richtig wünschen und hoffen lernt).«[93]

Aber Veronika sagt: Ich mach jetzt erst mal eine Zeit lang wieder in sentimentalisch-terroristischem Einsamkeitsfieber. So. Och Veronika, bitte, geh mit uns aus. Du kannst ja dann immer noch das mit dem Einsamkeitsfieber machen, aber bitte, geh jetzt erst mal mit uns aus. Darauf Veronika: Ihr seid nicht meine Gruppe. Aber Veronika, wir können da doch anrufen, deine Gruppe kann mitkommen. Nein, sagt Veronika, das werdet ihr nicht tun. Und überhaupt käme das aus verschiedenen Gründen nicht infrage, einer davon sei Erosion.

Und später wird Veronika, wie sie mir sagte, wieder erwerbstätig an der Torkel stehen, und endlich würde man sie nur von außen sehen, und ich glaubte ja nicht, wie erholsam das sei. Das hier sei ihr Schreibtisch, das ihr Stuhl, ihr Telefon, und das seien die umbenannten Export-*tags*: Was, an unsren xml-Dateien soll das liegen? Das würde ich jetzt aber mal ernsthaft bezweifeln. Nein, den Admin erreichste nicht, der Admin ist in einem Projekt, den hol ich da jetzt nicht raus. Ruf in drei Stunden noch mal an.

Parasiten am SURPLUS

Es gibt sie weiterhin, diese Gruppen, aber nicht mehr wie zuvor. Dafür wieder neue, die die alten Verwicklungen und Verwerfungen nachstellen, allerdings ohne deren ursprüngliche Eleganz. Das kurvt, das kommt auf (Prallhang) und streift (Gleithang), trifft sich, findet wieder zusammen, man könnte auch sagen: mäandert. So also entstehen Altarme.

Und hatte Veronika nicht noch vor kurzem in zugegebenermaßen volltrunkenem Zustand versucht zu erläutern (eine komplett phantasmatische Beweisführung) (nur seine sich nähernde Gestik ließ sie weitersprechen, der will doch, will doch, was will der bloß), warum irgendetwas, ich weiß nicht mehr was, eben nicht mäandere, weil dies nämlich eine Sache der Strömungsgeschwindigkeit und der Flusstiefe oder -flachheit sei. Und dass es bei diesem Gefälle überhaupt nicht dazu kommen könne, wohl aber zu Unterspülungen.

Der Fortgang des Projekts selbst sollte als ästhetischer Prozess begriffen werden, so hieß es im Exposé. Aha. Super Sache das. Ein unausgesprochener Plan sah allerdings nicht nur die Entwicklung von Arbeitsbeziehungen, sondern auch die gleichzeitige Aussonderung der Hälfte der Eingeladenen vor. War nicht früher für all diese sozialen Formationen konstitutiv, dass Ausschlussmechanismen nicht reproduziert werden sollten? Das war zumindest einmal der Plan.

Gruppenarbeit. Arbeiten Schafe in Gruppen? Dass das, was Schafe tun, Arbeit ist, ist klar, aber ist es Gruppenarbeit? Wenn die Schafe einen Gruppenleiter haben, ist es schon keine Gruppenarbeit mehr. Zumindest in dem emphatischen Sinn, in dem ich mir angewöhnt habe, das Wort zu gebrauchen, sagt Veronika. Sonst kannst du es auch lassen. Vielleicht könnten wir uns darauf einigen, dass das Leitschaf vielmehr eine Koordinatorenstelle einnimmt. Wäre das nicht eine Möglichkeit?

Was wir nun erleben sollen, ist der *quickstart* eines Projekts. Eine Instantgruppe. Warum? Weil es das Konzept so will. Die kennen sich nicht. Das finden wir ja gerade gut, dass die sich nicht kennen. Die wissen nicht, wofür sie stehen. Na umso besser, das können die sich ja dann sagen. Ihr erwartet erdrutschartige Zusammenschlüsse. Gleichzeitig erwartet ihr Klarheit und Entscheidungen. Nur wer ist euer Wir? Es geht wohl darum, Gruppen aus dem Boden zu stampfen und dann den Hochstand zu beziehen. Da wabern die Grundannahmen und machen jeder Art von weiterer Entwicklung den Garaus.

Alle Freiheit, sagt jemand. Alle Freiheit abzüglich des Geldes, im Sinne von Etat. Und dass man prinzipiell alles machen könne, wenn es auf einem gemeinsamen, aber für alle Beteiligten unbekannten Feld stattfinde. Wegen der Syndingens. Wie heißt das denn noch: Synanon? Synästhesie? Ne, ne, ne. Synergie. Genau. Nur dass dann aus Räumen der Verwirklichung Räume der Blamage werden, das dürfte klar sein.

Wenn ich das auf den Punkt bringen müsste, würde ich sagen: Dressur und Gestaltlosigkeit partizipieren am selben Elend.[94] Und dieses Elend ist, wie Veronika gezeigt hat, das Fehlen von Vermittlung. Vermittlung ist nicht zu haben ohne das Risiko der Gestaltlosigkeit. Denn im Kern der Vermittlung ist eine nichtverfugte Zeit. Es nützt nun aber auch nichts, sich wie Bataille zum Beispiel auf das Nichtverfugte zu stürzen. Ich muss es aufnehmen in das Kontinuum der Zeit.

Es habe an diesem Wochenende eine Vermittlungsfigur gefehlt, nein, die Fuzzis seien ausgewichen und hätten ungefähr so viel Halt gegeben wie eine Stange Gelee. Weißt du, jemand, der das hält, das bespricht, das aushält, verspricht, jemand, der Verbindlichkeit und Entspannung vermittelt. Jemand, der den *potential space* als Angebot verkörpert und nicht als etwas, was von Anfang an verteidigt werden oder zurückgelassen werden muss. Ein guter *Container* eben. Veronika sagt: Ich habe einfach jemanden vermisst, der mir erleichtert, das sinnvoll zu finden. Diese Person gab es aber nicht.

Wann kippt das. Was kippt? Wann kippt dieser faserige Soziotop? Ich sah ihn auf der Kippe stehen. Noch hielt er stand. Die Sitzordnung fungierte als Klammer und versah das Ganze mit einer gewissen Stabilität. Was für ein Glück für die Veranstalter, dass diese Ordnung beinahe die ganze Zeit über Konstanz suggerierte (Stichwort: prästabilierte Harmonie). Andererseits, wäre es vorher passiert, hätte man es zumindest vorher gewusst. Tscha, sagt Veronika, *timing*.

Da waren Doppelfenster im Augenwinkel. Da war die Krümmung des Raumes in exakt dem Moment, als der Diskurs nach schräg hinten kippte, ein verzerrtes Oval. Veronika sagt, sie habe gesprochen, als hätte ein nicht unbegabter Steward ihr Bewusstsein mithilfe von Anweisungen aus dem Kontrollturm gesteuert, nachdem sowohl Pilot als auch Kopilot ohnmächtig auf den geriffelten Gummimatten vor sich hingedämmert hätten. Dann sei die Verbindung zum *tower* abgerissen. Etwas nicht Gutes, das ansteigt: die Knopfleiste des Dimmers, der Rauch und am Ende die Tatsache, dass Denken den Teint offenbar nicht verbesserte. Mein Gott, wann genau habe sie zuletzt in so viele so blasse Gesichter gesehen.

Die Stimmung in der Gruppe neigte sich zur Seite. Veronika spürte, wie eine Grundannahme von der nächstschlechteren abgelöst wurde. Wenn du das bitte einmal erläutern könntest, Veronika. Das hab ich doch schon. Ganz am Anfang hab ich das schon gemacht.

Dann also einfach weiter mit der falschen Projektierung: Bei ihr sei dann Flucht in Kampf umgeschlagen, aus dem Dämmern heraus, doch alles in allem unaufgeräumt, ja unterkontrolliert. Der Impuls schien deutlich, die Motivation allerdings unklar zu sein. Und doch, es nicht gut sein lassen. Da streckte sich ihr reflexhaft das Rückgrat, da kamen große Gesten wie von selbst. Ist das jetzt Formwille oder Blödsinn ... nein, nein, nein, kraft einer Struktur!, und das sei doch bitte schön die Flagge, unter der sie segelten.

Und dann noch dieser abgesüßte Rüpel, sein Händedruck aus angewärmtem Teflon, und genauso, genauso denkt der nämlich auch, teilte Veronika später mit. (Wenn Sie aufhören würden, in Kleidern zu schlafen, würden vielleicht auch ihre Ideen schärfer.)

Hechelnde Empörung, er habe doch nicht nahegelegt, dass … Wohl. Haben Sie. Latente Unterstellungen, *I know them when I see them.* Ein Faltboot aus Entsetzen, und wie umständlich das sei, so was startklar zu machen. Da lobe sie sich eine gerade Linke, das dürfe jedoch nicht zur Gewohnheit werden.

So ging das hin während der Tage in der Klausur, und nein, zu spät zu kommen sei selbst am sechsten Tag nach wie vor ein Vergehen gewesen, wenn dem auch mit zunehmender Milde begegnet worden sei. Ganze Tage ohne Ichgefühl, ganze Tage aus Reax und Rhetorik. Selbst trinken, ach Gottchen, seinesgleichen, astalavista, pipapo.

Also grundierte sich alles wie von selbst mit Reue. Könnte ich mal den Fächer haben? Da denkt der zettelnde Erntehelfer und wendet sich schmalschultrig mal ab und mal zu. Auch er ist halbdurchlässig und verzweifelt. Seine Poren werden sich mit der Zeit vergröbern. Glaubt mir, sagt Veronika, ich habe einen Blick dafür.

Bald wäre es so weit, dass alle wieder nach Hause fahren, in die eigenen Zusammenhänge, in die getrennten Schreibtischwelten, in die eigenen Schmerzen. Und Veronika sagt, sie habe es sich nicht nehmen lassen können, darauf hinzuweisen, dass fehlende Bezahlung allein noch kein Äquivalent für Sinn sei. So dürfe man hier aber gar nicht denken. Denn groß, ja eine Funktion der Gnade sei das Geschenk, das schöpfe, nein schwappe aus einer Überfülle von Zeit und Liebe. Überfluss – und lebten wir nicht alle für dieses Surplus, dass man immer wieder seine Lebenszeit hernähme (schau mal, mein Träger ist verrutscht, ich liebe dich so sehr), um etwas damit zu machen, das sich nicht rechnete (so wie zum Beispiel Lungenkrebs oder Andernleuts-Zeugs-Wegräumen für einen Euro die Stunde oder eine sogenannte unbezahlte

Probeübersetzung, aber wir wollen hier jetzt nicht mit der Axt reingehen, Veronika), genau: all diese tollen Sachen. Und da sei es ihr klar geworden, hier sollte parasitär an einem Surplus partizipiert werden, für dessen Zustandekommen allerdings so gar nichts unternommen worden sei.

Für sie selbst, so Veronika, öffneten sich die Schleusen nicht so ohne Weiteres, nein, all das käme auf Abruf, respektive: stünde bereit, für das Projekt. Aber da müsse sie doch fragen, was hat denn, ja was hat denn das Projekt jemals für mich getan? Zahlt es meine Miete? Räumt es meinen Schreibtisch auf? Hält es Tee bereit? Ist es noch da am nächsten Morgen? Hält es mir den Kopf, wenn ich am Ende bin? Klickt es mir wie nebenbei den Achter in den Klettergurt, weil es weiß, was ich brauchen werde da oben, wenn ich wieder runterwill? Was hat es, was hat das Projekt denn je für mich getan?

Ja, für das Surplus, immer nur dafür, in welcher Verwandlung es auch gerade in der Schlange stehen mag, und Veronika sagt, irgendwann wäre sie wahrscheinlich verzweifelt genug, dass Heiraten ernsthaft infrage käme, aber jetzt noch nicht, und wenn sie endlich wieder trinken, reden, ausgehen, lieben dürfe, sei ja auch schon einiges gewonnen. Ja, die Überbietung der hellen Rede, und ja, der großzügige Umgang mit der eigenen Zeit und die Verleugnung der Sterblichkeit, als sei Zeit dieses eine Mal nicht Frist. Ja, Veronika, das machen wir gleich morgen. Versprochen.

Und schlügen mir im Weggehn die Tüten um die Beine? Das Mitgebrachte, das Mitgenommene, und dann käme jemand angeeiert, so Veronika, und stünde verwaschen in der Ecke, irgendwie ein Hippie mit Teig in der Mitte, und sagte ebenso eckentechnisch wie blasiert: Meine Liebe, Sie haben begonnen zu rechnen, Sie

162 sollten aber wissen, wer rechnet, der stirbt. Daraufhin Veronika:
163 Wer nicht rechnet, der stirbt auch.

(»These words have to be said out of the way, new ones are coming.«)[95]

(~~Manchmal ist Veronika wirklich Gold wert, *and I love her so much.*~~)

(~~Dieser Satz wird nicht stehen bleiben.~~)

Wie es ist, wenn es aufhört: Das zweite Kapitel über das Entrissensein

Als die Verbindung schließlich gekappt wurde (willst du das so früh aushändigen, das?), gingen die in der Gruppenstruktur gebundenen Energien hoch wie eine Rakete, Energien, sagte Veronika, die mich schlagartig hellwach werden ließen, wenn auch nicht so lange wachhielten, wie ich es aus meinem sogenannten Kontext gewohnt war. Aha. So sickerte der Schlaf ein, während das Echo der stetigen Rede verklang (ditt Jequatsche endlich uffhörte). Das war kurz bevor die Trauer anfing.

Ach, das anders Gemachte, das gemeinsam An-die-Wand-Gefahrene, das woanders Gemachte, das im vergruppten Sonstwo Gesagte, all die Zwischenrufe, die Unterbrechungen, das Aufspringen mit einem Gedanken, all das Gestische am Gemeinsamen, die Uhrzeiten, das Hineingleiten in eine unvordenkliche Erschöpfung des Weitersprechens, die nervöse Mehrdimensionalität eines zweistelligen Imaginären – zur Hervor-

bringung des genau Richtigen. Fehlt es dir, Veronika? Und wie es
165 mir fehlt.

Und fragte später, ob es schon dann intermedial sei, wenn es durch zwei Köpfe hindurchgegangen sei. Zwei? Zwei, oder drei. Dann bleibt eben die Frage, wie viel man davon erträgt. Am Ende war von dem Konzept nichts mehr übrig, wie gut, sagt Veronika, dass ich darin schon Erfahrung habe. Ja, sie habe ihre *Negative Capability* ausgebaut, um hier einen Begriff anzuwenden, den Bion von Keats entlehnt hat[96] und der eine Haltung bezeichnet, die Unsicherheit und Zweifel ohne Zuhilfenahme von Begehren und Erinnerung erträgt. Denn die Unfähigkeit, leeren Raum zu tolerieren, begrenzt das Ausmaß des Raums, der überhaupt zur Verfügung steht. Insofern sei übrigens auch Geduld eine Form der *Negative Capability*, und man solle doch nicht so tun, als sei Geduld eine häusliche Tugend, die man einfach so und vielleicht sogar noch stickend absolviere. Das könne schließlich die Hölle sein.

Wie war es denn, als dir die ganze Gruppe verloren ging? Auf einem Schutthaufen unter Kakteen sei sie zusammengebrochen, und lächerlich habe sie sich gefühlt, zur gleichen Zeit sei etwas durch die Texturen ihrer Organe gegangen, wie ein Riss, ganz körperlich, wirklich, und es sei eben nicht allein diese alkohollösliche Negativität gewesen. Da war objektiv, ganz nüchtern war da Negativität, wirklich, und diese Negativität würde nie wieder nicht da sein. Unvordenklich – und außerdem unerwartet. Denn nach einer Form der quasi euphorischen Autonomie, insbesondere was die Selbstkontrolle über die eigene künstlerische Produktion angeht, und einer späteren Neutralisierung respektive Normalisierung kam plötzlich die Trauer. Die Trauer.

Und wenn es wirklich so wäre, wie Bion gesagt hat, dass das Individuum ja gar nicht darum herumkomme, sich in Gruppen zu verhalten, selbst wenn darin alles unternommen werde, der Idee zur Realität zu verhelfen, dass es (das Individuum) gar nicht in eine Gruppe gehöre – ja, was dann? Dann will ich das dieses eine Mal glauben. Das Individuum sei nämlich nichts anderes als ein Gruppentier, das Krieg führe, nicht allein gegen die Gruppe, sondern gegen sich selbst und all die Aspekte seiner Persönlichkeit, die seine Gruppigkeit konstituieren.[97] Das wusste übrigens schon Aristoteles. Na und?

Experiences in Groups, es war dieses Buch, das sich öffnete, und heraus fielen drei Seiten, schnell dahingetippte Notizen für eine Diskussionsveranstaltung sonstwo, am runden Tisch, auf der wir Auskunft geben sollten über Formen der Kunstproduktion in Gruppen. Und da habe ich noch immer das so boshafte wie fröhliche Gelächter Veronikas im Ohr, wie sie sich später hatte ausschütten wollen vor Lachen über diese krypto-idealisierenden Ausführungen, die das Publikum mit durchaus überraschtem Wohlwollen hingenommen hatte. Was hätte es auch anderes tun sollen. Wir waren schließlich überzeugend. Oh ja, Veronika, das waren wir.

Und diese drei Seiten, wie sie da herausgefallen sind, lösten eine Trauer aus, eine so dürre und hohe Trauer, wie ein roter Streifen, der einem den Arm heraufläuft. Und man weiß noch nicht so richtig, was es ist, aber es ist rot, es läuft zum Herzen, also muss es zumindest etwas sein.

Sie lassen dich wieder hinein, in ihren zersprengten *Container*, aber wird dein Denken darin noch Obhut finden? Oder wie es der Freund von der Dings damals auf den Punkt gebracht hatte: Die

Verbindung zwischen ihrer Intelligenz und dem Geist der Gruppe wurde gekappt. Von da an gäbe es dieses Denken nur noch in melancholischer Verkappung. Oh, oh. Ja, das ist schon mal ein Grund zu seufzen.

Und dann, Veronika, stell dir einen *Container* vor wie die Magenhaut des Rennkuckucks: »Das Füttern bleibt ein Bestandteil ihrer Beziehung und hält sie wohl auch über die Paarung hinaus zusammen. Die Raupen sind aber keine unbedingt angenehme Kost. Ihre Haare und Stacheln setzen den Mägen der ausgewachsenen Tiere so zu, dass sie von Zeit zu Zeit ihre Magenhaut abstoßen müssen. Für Jungvögel mit ihren noch nicht entwickelten Verdauungsapparaten wären sie tödlich.«[98] Was würde Melanie Klein nun dazu sagen? Ich glaube kaum, dass Frau Klein Vertreter der Gattung des Rennkuckucks zur Analyse zuließe. Schade eigentlich, so viel Ambivalenz in einer engen Vogelbrust.

Und der belgische Dokfilmer erzählt, dass es diese Leute in Amsterdam gegeben habe, und selbst als es sie als Gruppe nicht mehr gegeben habe, hätten die einzelnen Leute etwas an sich gehabt, wie ein Stigma, eine lose Bindung, einen störrischen Bändel, den man von außen habe sehen können und der immer wieder verhindert habe ... Was verhindert habe? ... und dass es so deutlich gewesen sei, aber was?

Und Veronika sagt, *no, her case sei different, it's just that I can't leave. As if the concept of leaving dissolves.* Bei der Amsterdamer Gruppe seien es vielleicht auch einfach die Drogen gewesen, als seien die ehemals Zugehörigen befangen in einer Latenz (der angewandten Selbstzerstörung). Etwas wie das Ansaugen pflanzenhafter Züge? Ich verstehe das immer noch nicht. Und das eben, so der belgische Dokfilmer weiter, sei von außen sichtbar gewesen, wie ein umgedrehter Magnetismus, dem es einfach nur um das Abstoppen gegangen sei. *The Filmstill of our Life. Community Life*, fügt Veronika hinzu. Ja, vielleicht, *like love, don't you think?* Ich weiß nicht, *like love* in der Erstarrung? Verklausuliert, verkapselt. Etwas wie meine ganz persönliche Droge, das Gruppen-Pneuma, HooHee, kantapper, kantapper, nur wohin?

Entzauberung der Welt? Ja und Nein ... Das waren sie, die sublimsten Werte, auf dem Weg »in das hinterweltliche Reich mystischen Lebens, oder in die Brüderlichkeit unmittelbarer Beziehungen der Einzelnen untereinander« ..., wo »von Mensch zu Mensch, im pianissimo, jenes Etwas pulsiert, das dem entspricht, was früher als prophetisches Pneuma in stürmischem Feuer durch die großen Gemeinden ging und sie zusammenschweißte«[99].

Und genau da bist du dann, sagt Veronika, und was ist, nachdem das weg ist? Was soll dann schon sein? Insolvenz. Depression. Zersprengung. Pipapo. Nennen wir es *éducation sentimentale*. Ja, sagt der Freund von der Dings, oder Die-drei-Sekunden-Kuh. Nennen wir es Brausen. Nennen wir es Grund. Kawatz. Das war es dann aber auch.

Verrat sei es ja, wenn es den anderen nicht auffalle. Aufmerksamkeit. Das blanke Unverständnis hingegen ist die Nährlösung von Verrat. Alleine stehen bleiben. Ich bin hier bis auf Weiteres ausgesetzt. Glücklich wird mich das nicht machen, aber wir arbeiten ja bereits seit Jahren an der Trennung dieser Komplexe. Welcher Komplexe denn? Na, die Abkopplung des Komplexes Glück von allen anderen, die es auch noch gibt, und das laufe letztlich auch genau darauf hinaus. Das sei Verrat. Diese Form der Trennung sei Verrat.

169

Eine Stimmung aus Wunsch und Vergnügen, so hatten wir uns das doch gedacht, sagt Veronika. Hach, das wieder, die alten Worte. Ich kann sie nicht mehr hören. Wobei, sie ringen meine Belle. Wir hatten gesagt: Oh, die Dissidenz des schönen Tags und nichts dafür tun zu müssen. Gar nichts. *Sheer pointlessness*, die, so Terry Eagleton, eine *deeply subversive affair*[100] sei. Wenns mal so wäre. So etwas ließe sich natürlich nur sehr schwer repräsentieren, sagt der Freund von der Dings, jedenfalls nicht, ohne es zu unterbrechen. Ja, es lässt sich dokumentieren, was ja auch ständig passiert in Gestalt von Verklärung oder Verachtung. Das Problem ist, dass die Gruppe eigentlich nie auf sich selber zugreifen kann, im Sinne eines Produkts, und sich daher irgendwie selbst fremd bleibt.

Und einhakend wie ein stumpfer Moderator denke ich: Genau, eine Gruppe, die sich irgendwie selbst fremd bleibt, weil sie sich selbst nicht denken kann. Aber das stimmt ja nicht, es wird ja gedacht, die Gruppe betreibt Reflexion. Dennoch schien es mir am Ende, als würden nicht die Mittel bereitgehalten, um mit den Affekten umzugehen, die das Gefüge selbst hervorbrachte.

Am Anfang der Entfernung steht die Müdigkeit. Das Vergröbern des Fokus erweist sich als Lähmung, als eine immense Ermüdung. Wir hatten alle von dem Blei gegessen. Eine Vergiftung, das war es, was mit dem Körper, dem Schlaf, dem Denken, mit allem passierte in jener Zeit. Und Veronika sagte, sie habe gespürt, und mir ging das ähnlich, wie das Denken aus ihr herausgeflossen sei, ganz flüssig geworden sei, sobald mehr als zwei Personen aus dieser Gruppe am Tisch gewesen seien. Etwas, das ich seit der Schulzeit so nicht mehr erlebt hatte, dass ich gedanklich ganz störrisch wurde und wie aus Holz gemacht. Da kommste nich mal mehr mit einem richtig langen Haken ran.

Und der belgische Dokfilmer sagt, auf Englisch, jetzt, jetzt sei ihm eingefallen, was es gewesen sei: nämlich, dass diese Leute daran zu erkennen gewesen seien, dass, sobald sie aufeinandertrafen, die Zeit aufhörte. Wie bei Tschechow? Ja, so ähnlich.

Damit war auch jedes *timing* suspendiert. Als die Papiere aus dem Buch herausfielen, sei das eine Art von umgestülpter Verbundenheit gewesen, und sie habe gedacht, dass es doch nicht sein könne, dass die Trauerarbeit erst jetzt beginnen sollte, nach der Heilung. Und daran, wie Kluge einmal irgendwo angemerkt habe, dass irgendwer die ganze Trauerarbeit schließlich auch bezahlen müsse. Das Projekt hörte nicht auf, aber der Zusammenhang von *Container* und *contained* hatte sich geändert. Noch sei das in keiner Weise realer geworden.

Wir haben das alles vorausgesehen, sagt Veronika. Alles, was wir denken, passiert. (Nein, nein, sag das nicht.) Ich wollte, dass jemand meine Trauer teilt, sagt Veronika, sie habe aber außerhalb der Gruppe, um die sie trauerte, niemanden gefunden, der das hätte leisten können. Ich wollte also, dass der Freund von der Dings meine Trauer teilt, dass er die Kränkung aufbricht und auf zwei Leute verteilt, *Container, contained.* Hat er natürlich nicht. Abgefertigt hat er mich. Ja, ja, nich ja. Wohl ist eine einzelne Person auch zu wenig zum Trauerteilen. Das mag schon sein. Die Trauer hat schließlich viele Gesichter.

Wahrscheinlich kommt es gar nicht darauf an, wann man diese Reindividuation vollzieht, es bleibt in jedem Fall eine entwirklichende, atemnehmende, stummmachende Erfahrung. Und das alles, während das Selbst längst wieder vorgibt, jemand zu sein. *Ego-streaming, indeed.* Dann also erlebte der Freund von der Dings das Abschlagen der Arme, es fiel ihm aber gar nicht auf

(Veronika schon, aber ihn darauf hinzuweisen, hätte in dieser Phase keinen Sinn gehabt). Dann erlebte er das Ego als freies Radikal und fand keinen Ort, sich hinzuwenden (*nowhere to turn to*) – und eine Laune wie die linksgemachte Magenhaut des Rennkuckucks.

DIE PRAXIS DER VERGEBUNG

Hatten wir nicht gesagt, Veronika, es sollte alles immer nur bis auf Weiteres unverzeihlich sein? Ja, das haben wir. Aber wenn ich doch am Ende wäre?, fragt Veronika, und ob ich mir vorstellen könne, was sie gerade geträumt habe? Selbstverständlich nicht. Nämlich, dass ihr jemand, Mallarmé zitierend, mit voller Wucht einen Tisch ins Becken gerammt habe, und da habe sie noch gedacht: Verdammt, was ist denn das für eine Übersetzung? So kann man das doch nicht übersetzen! Und das Gedicht habe sich angehört, als würde man bei Minusgraden mit dem Fahrrad über fleckig vereiste und gestreute Straßen fahren, es klickte, krickelte und kickte. Es sei alles voller »i«s gewesen, und noch stundenlang habe sie die dumpfe Erschütterung gespürt. Was will uns das jetzt sagen? Dass es nicht nur klickte, sondern – fickte? Was auch immer, sagt Veronika, ich kann es nicht entscheiden, ich bin offenbar zu nahe dran.

Dann ist deine erste Aufgabe, Distanz zu gewinnen, sagt die Dings. Das muss vereinzelt werden, da braucht es eine Übersicht, das ist aus der Ferne zu besehen. Und haben wir nicht schon zu Anfang festgestellt, dass zur Reue eine Person, zur Vergebung aber zwei gehören? Ja, und warum bin ich dann ganz alleine hier? Die Verwicklung habe ich ja schließlich auch nicht alleine geleistet, warum soll ich es dann sein, die die Sache stellvertretend für alle Beteiligten in Wohlgefallen auflöst? Warum? Weil es dir guttun wird, Veronika, darum.

Und weißt du noch, wie wir früher um die Häuser gezogen sind, und, was haben wir geschrien? *Ne m'abandonne pas.* Genau. Das gilt auch für dich. Aber hätten wir dann nicht eher schreien sollen: *Ne t'abandonne pas*? Haben wir aber nicht, und warum nicht? Weil wir nicht alleine waren, in unserem Bezogensein. Schau, sagt die Dings, er will ja nur sein Leben retten. Dann soll er aber besser mal aufpassen, ob das wirklich *sein* Leben ist, was er da gerade rettet. Ach, Veronika, was kann ich nur tun, um dich zu beruhigen.

Denk dir eine Fülle, die immer schon mehr ist als du, in der irgendetwas ist, das du dir nicht denken können wirst, wie sehr du dich auch darum bemühst. Das wird sich dir zeigen müssen. Aggression und Seele. Du hast Angst. Ja, ich könnte winseln vor Angst. Ich gebe alles zu. Ich gebe alles ab. Das kannst du nicht. Ja, du hast recht, das kann ich nicht, ich bin ja nicht mal katholisch.

Zittern und frieren und immer im Training bleiben. Du musst lernen, die Entfernung nicht als feindlich zu empfinden. Danke, Trainer. Und sich über den Bildschirm krümmend (keine neuen Nachrichten), fällt der Entschluss wie von selbst: Also ich fange jetzt schon mal damit an, den Stand abzubauen. Ich hatte mich offenbar an etwas versucht, das sich als zu groß für mich herausstellen sollte. (Verlassenheit überholt, schon allein grammatisch.) Und Verdrängung, sagt der Freund von der Dings, Verdrängung ist nicht Denken. Muss ich denn nun schon wieder Danke sagen, Trainer? Sagt die Dings, wenn ich dein Trainer wäre, würde ich jetzt antworten: Ich lebe nicht von deinem Dank, meine Liebe, ich lebe von deiner Einsicht. Und bekäme wahrscheinlich kurz darauf eine inne Fresse. Darauf kannst du aber Gift nehmen, sagt Veronika.

Die morgendliche Verstörung – du dir selber verzeihen – ich mir selber? Aber wie soll ich das denn machen, wo ich hier in dieser ausbleibenden Linderung liege. Und dieses panische Deckengelände, diese Lakenwelt, die herausgestanzte Leere, dieser trockene und appetitlose Hunger. Und wenn, so Veronika, dann würde ich doch immer sagen: nicht nur verzeihen, sondern auch unterstützen, verdammt noch mal! Und damit wären wir wieder am Anfang, *and no one is any wiser.*

Jetzt nur mal so zum Beispiel: Eagleton weist darauf hin, dass die Ethik in aristotelischer Perspektive eine Wissenschaft des menschlichen Begehrens sei, das unser Handeln fundiere. Die Aufgabe einer ethischen Erziehung sei die Neuerziehung unserer Wünsche, so dass schließlich aus guten Taten Vergnügen resultiere und aus schlechten Schmerz. Wenn das Vergnügen aber ausbleibe, dann sei es eben nicht die gemeinte Moralität.[101] Gut und schön, sagt Veronika, aber was ist mit Situationen, die sich so nicht mehr lösen lassen? Wenn der Vollzug meines Glücks andernleuts Unglück bedeutet? *»Ah love, this is fear. This is fear and syllables / and the beginnings of beauty.«*[102]

Jemandem etwas zufügen, oder zur Abwechslung auch mal sich selbst: Diese Ideen von Selbstverletzung, sagt Veronika, die ich

schon so lange nicht mehr hatte. Ich meine, deren Attraktivität
175 und umgedrehte Fürsorglichkeit, eine Aufgeregtheit, die mich beruhigt und in den Schmerz, in sein Einssein entlässt. Währenddessen sei das Virensuchprogramm durchgelaufen, und sie habe stundenlang nichts andres getan, als auf blaue Balken zu starren. Nein, alleine dafür, dass du daran leidest, sagt die Dings, bekommst du gar nichts gutgeschrieben, das ist eine weit verbreitete masochistische Fehlleistung. So leid es mir tut, das ist es. Komm, hol dir lieber ein neues *tattoo*. Irgendwo werden wir doch noch eine kleine Stelle dafür finden, nicht wahr. Und dann, freu dich. Freu dich. Wir werden doch noch beweisen können, dass der Mangel zwar die Norm, die Norm aber Mangelware ist. Wir arbeiten daran. Also, freu dich.

Weißt du, es gibt sehr viele Dinge, die wir tun, weil wir die Art von Tieren sind, die wir sind, nicht weil wir katholisch oder Mathematiker oder Mexikaner oder Schauspielerinnen sind.[103] Aber: das Tier, das meine Freundin gewesen ist, das Tier, das mein Freund gewesen ist, das Tier, das die Freundin meines Freundes gewesen ist. Und immer so weiter, zwischen *anima* und *animal*, Aggression und Seele. Nein, nein, wir sagen Nein zum infiniten Regress. Das kann doch so kopflos nicht weitergehen – oder nur so kopflos? Dann kann es eben nicht weitergehen.

Und Veronika schreit, man solle es lassen. Das alles entstehe doch erst. Und sollte hier nicht Ja gesagt werden, ein für alle Mal Ja. Und ist es nicht eben so, dass das Leben da ist, wo die Schuld ist, und müsste man daher nicht »eine Propaganda der Schuldfreude betreiben und eine der Vergebung«[104] und immer besser darin werden, statt wie am Schnürchen in die Vermeidung zu rennen?

Ich weiß es nicht, nur eins, ihr kommt jetzt bitte schön alle mit in die Vermittlung. Du Veronika, die Dings, der Freund von der Dings und alle anderen auch. Es muss doch etwas geben zwischen Vermeiden und Ertragen. Und die Freundin von der Dings schreibt aus Amerika: *It sounds not that fun there, but like a good time for an architect, and Emmy Lou Harris backvocals.* Ja, und wieder jemand anderes schließt an: »*This means, ›upright woman‹, or ›upright man‹.*«[105] Ach, Veronika, frag dich doch einfach, was du lieben müsstest, um das Leben zu lieben. *Quoi?* Um das Leben zu lieben, müsste ich vermutlich das Leben lieben, und *upright women and upright men*, und das umso mehr, wenn sie es nicht mehr sind. Vermutlich. Ja, das ist doch immerhin schon etwas.

ETWAS HAT HUMOR

Nicht wiederzuerkennen sei sie gewesen. Und so dramatisch geschminkt, dass ihre Augen ausgesehen hätten wie Fenster in einem Haus, in dem es gebrannt hat. Und was habt ihr dann gemacht? Wir haben gespielt: Wer hat die schönere Seele? Und wie spielt man das? Da sagt Veronika: Ich glaube, das willst du gar nicht wissen.

Ja, das sei in diesen Tagen gewesen, in denen alles derart auf Kante genäht gewesen sei, dass aus den Lücken eigengesetzliche Felder entstanden seien. *Gap Gardening*, nur dieses Mal ohne Gärtner. Man habe sie ja gerade erst entlassen, und sie habe die Anteile von Verweigerung und die von Hingabe in ihrem Handeln nicht mehr unterscheiden können. Daher habe sie sich ständig weggegeben, für niemanden und nichts, womöglich aus Rache. Es habe aber auch nichts gemacht. Das Gegenteil von Wucher oder aber der Inbegriff davon – alles eins, beides falsch.

Und ungefragt dazugesetzt habe sich eine Frau, die mit einem Skalpell Titten aus gleichnamigen Fotos ausgeschnitten und die vor Darstellungen eines *cockpits* gehalten habe, *collage*, erfrischend analog, und Veronika sagte noch: Guck mal, *cocktit*. Während der Freund von der Dings ihr von all den Filmszenen erzählt habe, die sein Leben und seine Arbeit begleiteten. Schleichender Intensivismus, erzählte mir Veronika später, das könne sie ja nun gar nicht. Sie habe jede einzelne, jede einzelne davon, nun ja, gehasst. Nur ob ihm die Frau mit den Titten überhaupt aufgefallen sei ... als Regisseur, als Regisseur muss einem so was doch auffallen.

Das sei ja eh alles nur zustande gekommen, weil ihr Lebewesen irgendwie gespürt habe, dass es sich im rechtlosen, im falschen Raum befunden habe. Und was machst du jetzt? Jetzt gehe ich nach Hause und mache Text aus dir. Das kannst du nicht. Wieso? Das hat die Birgit schon gemacht. Oh, *fhackhhquihjuuh*.

Und später habe sie besoffen in ihrer Esoterikbude gesessen und gedacht, dass sie am Ende sei. Könnten wir das etwas genauer haben? Wenn alle Elemente mitmischen, wenn es einen milden Wind gibt, wenn deine abgekoppelte Imagination Bilder hochspült, die sich wie ein fremdes Trauma anfühlen und dir trotzdem das Mark aus den Knochen saugen. Wenn der eigene Stern fällt und man schon merkt, dass man aus der Mode kommt. So ungefähr. Sie sei ja nun kein eifersüchtiger Mensch, und als sie erstmals von diesem Affekt überrundet worden sei, habe sie gewusst, dass etwas nicht stimmen konnte.

Da habe es waidwunde Augen gegeben und einen Wind, der die fremden Haare bewegte und über die Wangenknochen wedelte, wie eine Idee von Struppeligkeit, für später, wenn seine Hände schon im Schopf der anderen Schnalle wühlten. Oh, die schwere

Schere ihres Lids, von unten herauf. Sie habe alles genau vor sich
179 gesehen, sie habe alles gehört. Die Stille, in der die Verwirklichung sich ausdehnte, die lautlose Ankunft der Kühle vom Fenster her, die blitzschnelle Sensibilisierung der Härchen und Grenzen, die Ellbogen, die Schultern. Und sie habe gespürt, wie sie selbst nun Teil der Trauer wurde und die andere Teil des Tricks. Diese eingebildeten wilden Eröffnungen, an denen sie keinen Anteil gehabt habe, diese Auflösung der Spröde in Weite – ich gleite an meiner Entwertung entlang. Als würde das Leben einfach weitergehen, und gestiefelt – an mir vorbei.

Danke, Veronika. So schön hast du die Geschichte schon lange nicht mehr erzählt. Lass mich jetzt die Coda übernehmen. Es sollte sich herausstellen, dass deine Einbildungskraft zwar weiß, aber nicht feit. Alle Bestandteile lagen vor, nur korrekt informiert waren sie nicht. Du konntest ja nicht ahnen, dass das alles unter umgekehrtem Vorzeichen betrachtet und die Situation insgesamt axialsymmetrisch gespiegelt werden musste. Veronika, das warst ja du, die andre Schnalle. Haha. So viel immerhin zu deiner Intuition.

Und irgendjemand da draußen, irgendjemand ganz andres, war die, von der du annahmst, dass du das seist. Staffelübergabe in stehendem Sturmlauf. Wenn das hier jetzt Schach wäre, dann müsste man in diesem Augenblick das Spielfeld neu konfiguriern. Ganz große Rochade. Ganz groß. Das wäre ab jetzt dein Läufer. Und den Turm kriegst du auch zurück. Der Rest kann weg. In liebevolle Hände, umständehalber.

Ist das jetzt schon die Euphorie des Faktischen, ja, ist das jetzt schon die Euphorie des Faktischen, ist das jetzt, ja ist das jetzt schon, ist das jetzt schon die Euphorie des Faktischen? Komm

Veronika, irgendetwas hat Humor, jetzt lach auch du. Das Wort heißt Einfallsreichtum.

Mehrere Monate habe sie dann gar nichts getan, außer alles zu benutzen, was da gewesen sei. Das habe irgendwann zu einer gewissen Verwahrlosung geführt, die sie allerdings wieder in den Griff bekommen habe, indem sie die Salbe einfach direkt auf die Bodenkacheln im Badezimmer aufgetragen habe. Und die meisten Leute, die über Nacht geblieben seien, seien eh so schmal gewesen, dass sie die Laken faktisch nicht berührt hätten.

Etwas hat Humor. Es stimmt ja, sagt Veronika. Es stimmt ja. Hier passiert immer genau das, was man befürchtet. Aber auf eine andere Art, auf einer andren Ebene, mithilfe einer Verschiebung, die alles schlimmer und gleichzeitig weniger schlimm macht. Kann ich mich verständlich machen? Es passiert alles, was man sich vorgestellt hat, aber anders, als man es sich vorgestellt hat.

Es passiert so, wie eine Metapher den Sinn trifft und gleichzeitig erneuert, die Identität in der Bewegung. Beängstigung und Beruhigung arbeiten Hand in Hand, um Übereinstimmung hervorzubringen, und dann stimmt es auch, aber auf eine so verwegene Art, dass der gesamte Kontext umgekrempelt und in einer Weise neu geschrieben wird, wie er womöglich von Anfang an hätte sein müssen, oder sogar gewesen ist, hätte man den Mut gehabt, das zu erkennen (oder auch: die Fertigkeit besessen, diese Brandschrift zu lesen). Etwas hat Humor.

Welcher Art ist dieser Humor? Es ist ein Humor, der einem über ist. »*Your humour is beyond me*«, heißt es in einem Gedicht von Christine Hume (»*you've sent an artful but martial postcard*«).[106] Ein Humor, den man darin, dass er besser ist als man selbst, eigentlich nur anerkennen kann, stumm. Man selbst hätte sich das gar nicht ausdenken können. Brutaler, nicht notwendigerweise herzloser (im Sinne einer angenommenen Stabilität des Herzens, ach, diese muskulöse Pumpe). Das ist ungeheuerlich; diesem Überbietungszusammenhang lässt sich nicht anders als mit Respekt gegenübertreten. Hut ab.

Und hieß es nicht, Kafka hätte aus *Amerika* vorgelesen und sich gekringelt vor Lachen? Ja, und das war, noch bevor ich ihm die Zombies auf den Hals gehetzt habe. Der Freund von der Dings hat übrigens Kafkas Kichern geloopt und einen stolpernden *beat* druntergelegt, und die Dings sagt, dass es ihm damit endlich gelungen sei, Kafkas *groove* zu knacken, im Ernst.

Ungefähr so, wie wenn jemandem ein vollkommen geschmackloser Witz einfällt, ein Witz auf Kosten von Personen, die das nicht verkraften werden (und auch nicht verkraften sollen müssen). Und sie schon wusste, dass die Pointe an den Eckpfeilern ihres *very own personal* Abendlands rütteln würde. Da sei es aber schon zu spät gewesen, und sie habe das nicht mehr nicht tun können, nachdem sich ihr diese destruktive Vitalität aufgedeckt gehabt habe. Diesen Witz aber habe sie, so Veronika, sogartig nachsprechen müssen. Daraufhin habe sich der Raum auf molekularer Ebene entleert.

Worin aber bestand dieser Sog? Vielleicht darin, dass die brutale Respektlosigkeit und die durchgeknallte Zusammenziehung von Zeugs, das eigentlich nicht zusammengehörte, alles in allem eine so irrsinnige anarchistische Erkenntnis ergeben habe, dass sie gefühlt habe, ihr falle jetzt endgültig der Himmel auf den Kopf. Wobei das eigentlich gar keine Erkenntnis gewesen sei, sondern vielmehr ein komischer Treffpunkt, an dem sich zwei schizoide Hälften eines Schizos miteinander verständigten, und der Schizo selbst habe davon gar nichts erfahren müssen.

Dieser Art nun sei der Humor gewesen, den diese Tage aufgewiesen hätten. Das sei, so Veronika, eine *fucking lesson* in Demut gewesen. Aber trotz allem könne eine solche Irritation auch gleichzeitig eine Stabilisierung sein, weil es all das offenbar gibt, weil all das offenbar geht, weil es nichts macht, weil man es aushalten kann und respektieren kann, wenn auch aus den falschen Gründen. (*You go to heaven once you've been to hell.*) (Leider haben wir dafür keine Beweise.)

In dieser Hinsicht sei nämlich auch das Ding an sich ein Witz. Und schleudert die flache Seite des Tischs über ihre Schulter. (Du hasse nich mehr alle. Ne, hasse tutse wirklich nich mehr alle ham). Hach, mich unterwächst eine Wiese voller Blütchen. Und siehe, in unsere pastorale Eingemeindung mündet eine Herde Tricksterschafe, von Ihnen aus links, ins Weichbild gedengelt mit Hammer und Flöte. (Stellt sich jetzt gefälligst mal jemand anderes an die Hasse?) Und wie, bitte schön, soll ich mir das bewollte Schaf als Trickster vorstellen, an diesem Nachmittag eines Fauns? Frauns? Nein, ohne »r«. Sie wissen schon, Schmerz durch Reibung, meine Herrn. Ja, etwas hat Humor, sagt Veronika, aber ich bin mir inzwischen nicht mehr sicher, ob du es bist. Und astalavista pp.

Ein Witz ist ja auch das metaphysische Begehren, das Blanchot folgendermaßen bestimmt: »Begehren dessen, was uns nicht mangelt, Begehren, das nicht befriedigt werden kann und nicht begehrt, sich mit dem Begehrten zu vereinigen: Es begehrt das, was derjenige, der begehrt, überhaupt nicht braucht, was ihm nicht fehlt und was er nicht zu erreichen begehrt, indem es gerade das

Begehren dessen ist, was ihm unzugänglich und fremd bleiben
183 muss – Begehren des Anderen als Anderen, nüchternes, uninteressiertes Begehren, ohne Befriedigung, ohne Sehnsucht, ohne Rückkehr.«[107] Ja, oder auch mal umgekehrt. Das spielt dann auch keine Rolle mehr.

Und Veronika sagt: Begehren, ich sag es doch schon die ganze Zeit, keiner macht das heute mehr. Woraufhin der Page mit geübtem Schwung die Flügeltür öffnet und verkündet: Bitte, die Herrschaften, die Hyänensuite, wie gewünscht. Kisstihand. Na, da sagen wir doch Danke. Danke.

der REGEN, der REGEN

Ob es nicht klasse sei, sagte Veronika, dass alles, was anfange, auch wieder aufhöre, und ich sagte: Klasse ist irgendwie auch was anderes. Und das Fenster stand offen, und es regnete, als gäbe es einen Plan für diese Tage, einen nassen Plan. Und wir tranken heißes Wasser, zur Abwechslung, und einigten uns darauf, dass man schon unterscheiden müsse zwischen Liebes- und Bankrotterklärung, inzwischen, meine sie, also jetzt, im Sinne von *now*, und ich fragte, was sie denn meine mit *now*. Und sie sagte: Da, wo wir eben gerade sind.

Und der Regen fiel mit einer Sorge und Tröstlichkeit, dass man hätte weinen mögen. Eine derart umsichtige Tonspur war das, das kriegt man selber ja gar nicht hin. Das, was so zart und unvorhersehbar war an seinem Aufkommen, wollte mich nehmen und geben. *Rain is no respecter of persons*, sagte Veronika und machte die anderen Fenster auch noch auf. So bündig überzeugend war

Veronika, in der Zeit des Heulens. Wie der Regen. Und die Fenster im anderen Zimmer bitte auch noch auf. Ich sagte: Ich muss noch lernen, was Heulen für dich ist. Im Gegensatz zu mir, meine ich.

Die aufgescheuchten Bäume im Hinterhof vor der Brandmauer, ihr Wedeln, von oben besehen, ihr Fuchteln, als sei das hier antike Mauerschau. Ach, wer hat sich denn jetzt schon wieder geblendet? Ich kann dich nicht verstehn. Jetzt lern halt sprechen, Esche. Veronika, komm und schau, der iss ja völlig aus dem Häuschen, der Baum, schau das Gehampel der Äste, der Regen und das alarmierte Laubwerk. Und Veronika kam zu mir ans Fenster und stand neben mir, und die feuchte Luft brachte ihren Duft zur Aufführung. Sieben Vorhänge.

Ich muss noch mal erwähnen, wie unglaublich präzise der Regen sich auf die Situation eingestellt hatte. Das Heulen wiederum schien Thema dieser Tage zu sein. Monothematischer Abend: losheulen. Festzustellen, dass das Heulen Thema war, kam einer Erleichterung gleich. Weißt du, alle machen mit. Jetzt wird es mir klar, ich meine prinzipiell, sagte ich, und die Erdbeeren können doch nichts dafür. Ja, aber warum eigentlich nicht? Ich finde schon, dass die Erdbeeren was dafür können. Warum sollen denn die Sachen immer so in ihrer Unschuld beruhen? Ich meine, affektuell. Das haben sie vorher ja auch nicht.

Genau. Ausweitung des Schuldzusammenhangs auf Unbeseeltes. Was für eine Erleichterung. Alles *shattered* um mich her. Letztendlich natürlich nur eine fiese Kehre. Ich meine: Wozu einen manischen Toaster? Wobei, vielleicht als Stellvertreter. Meine Schultern und die des Toasters. Oder deine Schultern, Veronika.

Und letztlich seien das ja alles Freunde gewesen und Freunde von Freunden, insofern keineswegs despektierlich oder so. Aber weißt du, je mehr Leute daran beteiligt sind, desto länger musst du an der Verkraftung stehen. Das kannst du dir jetzt mal ins Pussyalbum schreiben. Und wer über Konsequenzen sprechen wolle, der solle doch erst mal über Vorbereitung sprechen. Ja, die Vorbereitung wird generell vernachlässigt, aber das sage ich ja schon seit Jahren: Wie geht vorbereiten, und eigentlich geht das gar nicht. Aber was, wenn es doch ginge? Wenn es die ganze Zeit nur an der Vorbereitung gemangelt hätte? Na, wie denn, wo doch das Leben in jedem Augenblick das Ganze ist.

Aber die anderen, bemerkte ich, während weiter Regen fiel, die anderen kippelten mithin auf ihren gemeinsamen Beckenknochen Komma schlechterdings. Was willste machen, fragte Veronika, sollen wir denen ein Taxi schicken, das sich in deren Vorgarten überschlägt, oder was? Und ich sagte: Die ist zwei Meter groß und wiegt fünfzig Kilo. Kann nicht sein. Doch, iss so. Und die machen jetzt alles einfach immer weiter, nur mit dem Unterschied, dass ohne mich. Und dann noch die Sache mit der gepatchworkten Familie, und jeder wolle ein Stück davon. Du kannst dir gar nicht vorstellen, was das für ein Gezerre ist.

Und das alles zur Unzeit. Nein, du musst dankbar sein. Sei dankbar. Freu dich doch, dann hast du was, das vorbei ist, aber nicht kaputt. Ich krieg das schon auch noch kaputt, gib mir noch zwei Wochen. Ja, und noch später wird es sich dann wieder finden. Wird es nicht. Altes Geistergesetz: Wer nicht Ja sagt zur eigenen Zerstückelung, wird nicht wieder zusammengesetzt.[108] Das ist halt so.

Letztendlich gehe es doch um die Frage, ob Einsamkeit eine Form der Verfeinerung oder eine Form der Verrohung sei, und wenn

Verfeinerung, dann doch allemal für später, oder etwa nicht?
187 Denn wofür denn das ganze Training, wenn nicht für den *showdown*? Ach, so denke ich gar nicht. Das Einzige, was ich will: mich nicht gegen das Leben versündigen, und wie das auszusehen hätte – ich weiß es nicht. Schau, sagt Veronika, wie der Regen fällt. Er fällt und fällt und hört nicht auf.

Komm, ich will dir die Haare machen. Ich nehme das Zeugs, das bei dir im Bad ist. Ich bringe alles hier rüber, und du musst gar nichts tun. Und das machen wir auch. Genau. Glätten, flechten, türmen, keine Fehler machen. Aber Veronika, was ist denn nun das Gegenteil von Verführung? Und Veronika sagt: Das Gegenteil von Verführung ist nach Hause gehen. Wir aber wollen zum Ende kommen wie zu einer Wasserstelle.

DAS GLÜCK !!!

Das gehört ja eben zum Glück, dass alles, alles stillesteht und überblendet. Wie glücklich wir waren. Was das denn für ein Wir sein soll, will Veronika sofort wissen. Das Ausflugswir, fürchte ich. Aber das Ausflugswir, das schreibt doch nie was auf. Wie willst du davon denn leben?

Ein sichelndes Glück. Und sie sei mitten reingelaufen, sie sei in die Glücksfalle gelaufen, und wie lange das gedauert habe, bis sie da einen Ausweg gefunden habe. Zudem sei nicht ausgeschlossen gewesen, dass man sie verflucht habe. Welche Anlagen sie dafür denn mitbringe? Durchlässigkeit. Zutraulichkeit. Ungerichtete Hilfsbereitschaft. Sie sei sich nur noch nicht ganz sicher, worin das bestehe, was sie verbrochen habe.

Trauer darf kein Dispositiv sein! Das denkend, wandte sie sich ab, die Tränen stürzten über ihre Wangen. Die Lippen seien eh in die andere Richtung weg, also nicht zu ihr. Und Veronika sagt: Stell dir vor, man flieht mich! Man flieht mich! Muss ich das ab jetzt in Betracht ziehen? Aufnehmen in den Katalog von Zeugs, das in Bezug auf mich auch infrage kommt? Überhaupt gebe sie seit Jahren den Großteil ihres Vermögens für plötzliche Taxifahrten aus, um eben genau dieser Erkenntnis zuvorzukommen. Nicht du fliehst mich, ich fliehe dich! Und inzwischen zeige sich auch, dass aus gutem Grunde!

Und der Taxifahrer sagte zu ihr: Halten Sie fest, ich mache brutale Linksmachung. Und sie dachte: Aber das müssen Sie doch nicht mehr machen. Hätte sie das vorher mal gedacht, dann hätte sie doch festgehalten, sich. Das hättest du nicht. Meinst du? Nein, ich glaube nicht.

Oder wenn wir den Komplex Liebe von dem Komplex Glück trennten? Das geriete dann ein bisschen athletisch, kommt mir vor. Die *wilderness* der Wünsche, das Überleben in der Dekomposition, das Extrahieren der Glückserwartung, und das alles wäre nur noch ein sportlicher Ehrgeiz. Ach, diese harte Brechung. Nein, das will mir nicht gefallen. Dieses hartfunkelnde, geschmacklose, fast taube Glück? Die Materialien, die es dazu braucht, sind sämtlich mehr als achtzig Jahre alt. Metall, Molton, Angst, und da jetzt mal eine Röhre reingedreht, wird es schon hell. Wir brauchen aber noch mehr Glitter. Glitter. Und die Krieger aus Glas, die müssen alle durch das Schaubild durch. Irgendwie gegen die Laufrichtung des Bildes gedacht.

Man solle ja auch nicht erwarten, dass Glück tröstlich sei. Nein, das sei schon abgewehrt. Sie habe ja schon vor Jahren gelernt, dass Fortuna nur die entdämonisierte Spätform der Tyche sei. Wo ist das denn, frage ich, wo, an welcher Stelle der glücklichen Fügung, finden sie denn nun ihr Auskommen, die Dämonen? Und die Dings sagt: Sie sind Teil dieses Konzeptes von Glück. Veronika sagt: Dann leg es halt ab, dieses Konzept von Glück.

»Glück, das heißt etwas ausdrücken und Anklang finden, ein Handeln, das sich mit einem anderen zusammenfügt, ihm korrespondiert. ... Das Problem ist nicht, am Glück teilzuhaben, sondern es zu schaffen. Man hat in dem Maß teil, in dem man gemeinsam etwas schafft. Das Glück ist direkt an dieses Gemeinsame gebunden, an sein Vermögen.«[109]

Froh und gesund zu sein, sei ab heute dem Glücklichsein nicht mehr länger oppositional. Nein, sie arbeite an einer neuen Kohärenz. Ab heute werde das nämlich einfacher. So wie das Wetter. Das umfassendste, das generellste, das feinstofflichste ... Eingedenksein?, biete ich an. Nein, wenn es halt heller wird. Wenn die Sonne herauskommt. Wenn die Sonne untergeht. Und jemand habe ihr geschrieben: Die Sonne scheint, und die Dings habe am Telefon gesagt: Komm, teil das mit mir, und dann gesagt: Korrekt. Und Veronika: Sehr so. Wenn auch nicht mehr als das.

Jetzt machst du es dir aber ein bisschen einfach, nicht wahr? Und es wurden Pferde über den Hof geführt, die anderen gehörten. Wie wir sie skeptisch betrachteten, in ihrer Hingehörigkeit. Was man wohl mit denen anstellen mochte? Außenrum eine große und starke Natur. Du musst etwas gegen die Angst machen. So kann das doch nicht bleiben.

Und so lese ich Veronika die Cardono-Stelle vor, die ich gerade bei Brigitte Kronauer gefunden habe: »Glück war es erstens, daß bei mir, wenn bei irgendeinem Menschen, ganz deutlich immer alles bis aufs äußerste genau im richtigen Zeitpunkt eintraf, so daß in

190 den meisten Fällen mein ganzes Leben zerstört gewesen wäre,
191 wenn der Beginn eines Ereignisses auch nur ein wenig früher und rascher eingesetzt, das Ende auch nur um ein wenig sich hinausgeschoben hätte.« Und Veronika sagt: Du willst jetzt, dass ich wieder *timing* sage. Sagst du es bitte noch einmal? Ein letztes Mal und mir zuliebe?

Veronika sagt: Ich bin ganz weich, und es ist Sonntag, und ich bin ganz weich. Ich tue gar nichts. *Unconditional love*, das trage ich ab jetzt mit mir herum. Das trage ich ab jetzt mit mir herum. Etwas, das mein Körper nie wieder wird abbauen können. Glück, Veronika, Veronika, werden wir glücklich sein? Was, Veronika? Da dreht sie sich um, und ihre dschungelfarbenen Augen funkeln, und sagt, Mütze auf dem Kopf, Damenbart, neues *tattoo*: »*Why then to heaven with hell. / Whatever sages say and fools, all's well.*«[110]

ANHANG

193

1 Jenny Boully: The Body, in John D'Agata (ed.): The Next American Essay. Minnesota: Graywolf Press, 2003, Seite 447. »Das Experiment der Zeit übersetzt sich in Sprache, und Sprache übersetzt sich in Ferne, die sich in Begehren übersetzt, was die Realisierung von Zeit ist.«

2 Apparat, von *parare*: bereiten, *adparare*: etwas zubereiten, zurichten, zurüsten.

3 John Hollander: Working through Poems. An Interview by Langdon Hammer, in The Poetry of Everyday Life. Michigan: Ann Arbor University Press, 1998, letzte Seite.

4 Michel Serres: Der Parasit. Übersetzt von Michael Bischoff. Frankfurt/Main: Suhrkamp, 1987, Seite 350.

5 Jean Paul: Vorschule der Ästhetik. Hamburg: Felix Meiner, 1990, Seite 257.

6 Jean Paul: Vorschule der Ästhetik. Hamburg: Felix Meiner, 1990, Seite 257f.

7 Michel Serres: Der Parasit. Übersetzt von Michael Bischoff. Frankfurt/Main: Suhrkamp, 1987, Seite 188.

8 W. R. Bion: Experiences in Groups. London: Routledge, 1989, Seite 63. (Übersetzung: Monika Rinck)

9 Ezra Pound: Canto 81, in The Cantos. London: New Directions Publishing Corporation, 1996, Seite 541.

10 Klaus Heinrich: Versuch über die Schwierigkeit nein zu sagen. Frankfurt/Main, Basel: Stroemfeld/Roter Stern, 1985, Seite 22.

11 Ivan Nagel: Autonomie und Gnade. Über Mozarts Opern. München, Wien: Hanser, 2005, Seite 130.

12 *Exagium*: a weighing, weight, from L. *exigere*: test, from *ex-*: out + *agere*: apparently meaning here: to weigh – eine Münze schätzen und den Erzgehalt prüfen. Und erst um 1600, erstmals mit Francis Bacon, bezeichnete der Begriff eine kurze, nichtfiktionale literarische Komposition. Aber auch der Begriff des Examens steckt darin, die Neugier des Experimentierens, die Frage, die der Praxis gestellt wird.

13 Robert Musil: Auch die Erde, namentlich aber Ulrich, huldigt der Utopie des Essayismus, in Der Mann ohne Eigenschaften, Reinbek: Rowohlt, 1952, Seite 248.

14 »Die Emotion der Erfahrung bedeutete etwas anderes als die Fakten. ... Es ist Kunst, also hört auf, es Non-Fiction zu nennen.« Und eigentlich sagte das nicht der Freund von der Dings, sondern John d'Agata, aufgerufen, seinen Ansatz des Lyrischen Essays während eines Gastvortrags an der Brown University zu verteidigen, zitiert nach Hannah Furst: D'Agata examines Aspects of the Lyric Essay, in The Brown Daily Herold vom 16.02.2006.

15 »Der Reim ist nur dann einer, wenn der Vers nach ihm verlangt, ihn herbeigerufen hat, so dass er als Echo dieses Rufes tönt. Aber dieses Echo hat es auch in sich, den Ruf hervorzurufen.« (Und das Wort, in das der Gedanke hineinwächst. Auch das ein *Container*.) Karl Kraus: Die Sprache, zitiert nach Hans-Jost Frey: Die Autorität der Sprache. Lana, Wien: edition per procura, 1999, Seite 17 (Danke, Theresia).

16 Roland Barthes: Das Neutrum. Übersetzt von Horst Brühmann. Frankfurt/Main: Suhrkamp, 2005, Seite 221.

17 Marianne Moore: What are years, in Complete Poems. New York: Penguin Books, 1991, Seite 95.

18 Die Kategorien »Arbeit am Gefühl« und »Arbeit am Körper« entlehne ich, mit Peter Praschls freundlicher Erlaubnis, dem Weblog: sofa. rites de passage.

19 Lorenz Wilkens: Ritual jetzt. Vortrag in Bad Urach am 24.06.2006.

20 Michel Foucault: Theatrum Philosophicum, in Gilles Deleuze, Michel Foucault: Der Faden ist gerissen. Übersetzt von Walter Seitter und Ulrich Raulf. Berlin: Merve, 1977, Seite 47.

21 Elke Erb: Winkelzüge oder nicht vermutete, aufschlussreiche Verhältnisse. Berlin: Edition Galrev, 1991, Seite 192.

22 Daniel Paul Schreber: Denkwürdigkeiten eines Nervenkranken. Frankfurt/Main: Syndikat, 1985, Seite 93.

23 Anne Carson: Eros, the Bittersweet. Princeton: Princeton University Press, 1986, Seite 17.

24 Eintrag vom 13. Mai 2006 auf AHOIPOLLOI (http://ahoipolloi.blogger.de).

25 Ezra Pound: Canto 81, in The Cantos. London: New Directions Publishing Corporation, 1996, Seite 541.

26 *»I see you still on the first step, plucking the word ›now‹ out of the dark with resistance, as if time too had forbidden chambers.«* Rosmarie Waldrop: On Desire, in Reluctant Gravities. New York: A New Directions Book, 1999, Seite 27 (ein ganz wunderbares Buch!).

27 Max Weber: Wirtschaft und Gesellschaft. Typen religiöser Vergemeinschaftung. Tübingen: J. C. B. Mohr, 1980, Seite 259.

28 So etwas gibt es natürlich nicht ohne Referenz, et voilà: Terry Eagleton: After Theory. London: Penguin Books, 2002, Seite 166 (of all people!).

29 Diese so schöne wie kluge Erkenntnis verdanke ich Elke Erb.

30 Michael Egerding: Die Metaphorik der mittelalterlichen Mystik. Paderborn: Schöningh, 1997, Seite 38.

31 Umberto Eco: Kunst und Schönheit im Mittelalter. Übersetzt von Günter Memmert. München, Wien: Hanser, 1991, Seite 89.

32 Zen-Metzger? Wie das denn? Wird da denn noch geschlachtet, bei den Buddhisten, andererseits so eingängig: *»You know how they say a Zen butcher makes one correct cut and the whole ox / falls apart / like a puzzle. Yes a cliché.«* Aus Anne Carson: The Beauty of the Husband. A Fictional Essay in 29 Tangos. New York: Vintage Books, 2001, Seite 49.

33 Der Satz des Anaximander zitiert nach Klaus Heinrich: Psychoanalyse. Dahlemer Vorlesungen. Band 7. Frankfurt/Main, Basel: Stroemfeld/Roter Stern, 2001, Seite 127.

34 Anne Carson: The Beauty of the Husband. A fictional Essay in 29 Tangos. New York: Vintage Books, 2001, Seite 9.

35 Platon: Symposion. Übersetzt von Friedrich Schleiermacher. Reinbek: Rowohlt, 1957, Seite 234.

36 Marieluise Fleisser: Das Pferd und die Jungfer, in Erzählungen. Frankfurt/Main: Suhrkamp, 2001, Seite 297.

[37] Robert Frost, aus: A Servant to Servents, zitiert nach Joseph Brodsky: On Grief and Reason, New York: Farrar, Straus & Giroux, 1994, Seite 246.

[38] Marianne Moore: What are years, in Complete Poems. New York: Penguin Books, 1994, Seite 95.

[39] »*Tragedy, as you know, is always a* fait accompli, *whereas terror always has to do with anticipation, with a man's recognition of his own negative potential – with his sense of what he is capable of.*« Joseph Brodsky: On Grief and Reason, in On Grief and Reason, New York: Farrar, Straus & Giroux, 1994, Seite 225.

[40] Anne Carson: Eros the Bittersweet. Princeton: Princeton University Press, 1986, Seite 68.

[41] Platon: Symposion. Übersetzt von Friedrich Schleiermacher. Reinbek: Rowohlt, 1957, 190 d.

[42] Platon: Symposion. Übersetzt von Friedrich Schleiermacher. Reinbek: Rowohlt, 1957, 191 d.

[43] Sigmund Freud: Jenseits des Lustprinzips. Frankfurt/Main: Fischer, 1975, Seite 267

[44] Klaus Heinrich: Versuch über die Schwierigkeit nein zu sagen. Frankfurt/Main, Basel: Stroemfeld/Roter Stern, 1985, Seite 151.

[45] »Begierde wird in das Wort jetzt erst eingetragen und zwar gleich mit der charakteristischen, die Geschichte des Symbolgebrauchs bis heute begleitenden Ambivalenz, die seine Instrumentalisierung erst ermöglicht hat: Es oszilliert zwischen der Stellvertretung für den begehrten Anderen, der abwesend ist, doch präsent sein soll, und der Stellvertretung für das Alte, Wahre, Ganze, der die Aufopferung der Teile und das Erlöschen ihres Begehrens zu seinen Gunsten verlangt.« Klaus Heinrich: Vom Nutzen und Nachteil der Spaltung, in Ludger M. Hermanns (Hg.): Spaltungen in der Geschichte der Psychoanalyse. Tübingen: Kimmerle, 1995, Seite 73.

[46] Platon: Symposion. Übersetzt von Friedrich Schleiermacher. Reinbek: Rowohlt, 1957, Seite 234.

[47] Harold Bloom: Eine Topographie des Fehllesens. Übersetzt von Isabella Mayr. Frankfurt/Main: Suhrkamp, 1997, Seite 47.

[48] Jesaja 21,11. Oder, wie Luther übersetzt: »Wächter, ist die Nacht bald hin? Wächter, ist die Nacht bald hin? Der Wächter aber sprach: Wenn auch der Morgen kommt, so wird es doch Nacht bleiben. Wenn ihr fragen wollt, so kommt wieder und fragt.«

[49] Max Weber: Wissenschaft als Beruf. Stuttgart: Reclam, 1995, Seite 45.

[50] »*O los cuervos, todavía me olvido que existen / fuera de la literatura.*« Aus einem Gedicht der argentinischen Lyrikerin Silvana Franzetti, siehe auch: www.lyrikline.org.

[51] »*In life, most people would regard it as futile to guess one's future by figuring what would make a good story and would smile at someone who imagined himself invulnerable on a given occasion because otherwise his life would make no sense, but in reading literature this way of thinking is often justified and typically used.*« Gary Saul Morson: Narrative and Freedom. New Haven, London: Yale University Press, 1994, Seite 7f.

52 Rainer Maria Rilke: Die Aufzeichnungen des Malte Laurids Brigge. Frankfurt/Main: Suhrkamp, 1982, Seite 126.

53 Slavoj Žižek: Liebe deinen Nächsten? Nein, danke! Die Sackgasse des Sozialen in der Postmoderne. Übersetzt von Nikolaus G. Schneider. Berlin: Volk und Welt, 1999, Seite 241.

54 Platon: Symposion. Übersetzt von Friedrich Schleiermacher. Reinbek: Rowohlt, 1957, Seite 234.

55 Elke Erb: Winkelzüge oder nicht vermutete, aufschlussreiche Verhältnisse. Berlin: Edition Galrev, 1991, Seite 182. Im Übrigen ein wirklich zu Unrecht kaum bekanntes Buch, ich will es empfehlen.

56 Roland Barthes: Gradiva, in Fragmente einer Sprache der Liebe. Übersetzt von Hans-Horst Henschen. Frankfurt/Main: Suhrkamp, 1984, Seite 118 .

57 Klaus Heinrich: Psychoanalyse. Dahlemer Vorlesungen. Band 7. Frankfurt/Main, Basel: Stroemfeld/Roter Stern, 2001, Seite 187f.

58 Bob Dylan: Just like a Woman. Writings and Drawings. Texte und Zeichnungen. Frankfurt/Main: Zweitausendeins, 1975, Seite 644.

59 Martin Treml: Kult und Rationalität. Eine religionswissenschaftliche Untersuchung zur Opferlogik in den Traditionen und Figuren paulinischen Denkens. Inauguraldissertation. Berlin, 1995, Seite 19.

60 Michel Foucault: Theatrum Philosophicum, in Gilles Deleuze, Michel Foucault: Der Faden ist gerissen. Übersetzt von Walter Seitter und Ulrich Raulf. Berlin: Merve, 1977, Seite 48.

61 »63. Beispiel. Wir legen vor: Ein Tag bei Nan-tjüan. Seine Hörer in den beiden Hallen, der östlichen und der westlichen, stritten sich um eine Katze.
Nan-tjüan sah es an, und schließlich machte er [den streitenden Parteien] einen Vorschlag: Wenn ihr, sagte er, mir einen Weg zur Lösung eures Streites zeigen könnt, zerschneide ich sie nicht. Die Hörer hatten keine Antwort. Nan-tjüan schnitt die Katze in zwei Hälften.
Nan-tjüan erzählte nachher, was er [mit der Katze] getan hatte, auch [seinem Schüler] Dschau-dschou, um zu hören, was er dazu sage. Statt einer Antwort schlüpfte Dschau-dschou aus seinen Strohsandalen heraus, legte sie sich beide auf den Kopf und wandte sich, um fortzugehen, Nan-tjüan sagte: Wenn du da gewesen wärest, hättest du die Katze gerade noch retten können.«
Aus: Bi-Yän-Lu. Meister Yüan-wus Niederschrift von der Smaragdenen Felswand. Übersetzt und erläutert von Wilhelm Gundert. Band 3. München: Hanser, 1973, Seite 93.

62 »So steht ästhetische Erhabenheit des Handelns stets im umgekehrten Verhältnis mit dem Gewichte des sinnlichen Zeichens, und nur das kleinste ist das erhabenste; Jupiters Augenbrauen bewegen sich weit erhabener in diesem Falle als sein Arm oder er selber.« Jean Paul: Vorschule der Ästhetik. Hamburg: Felix Meiner, 1990, Seite 106. (P.S.: Man kann gar nicht wenig genug tun oder, wie der Freund von der Dings unlängst meinte: Jedes Lied hat zwei Rhythmen, einen für die Doofen und einen für die Klugen.)

63 Max Brooks: Der Zombie Survival Guide. Überleben unter Untoten. Übersetzt von Joachim Körber und Andreas Kasprzak. München: Goldmann, 2004, Seite 26.

64 Avital Ronell: Drogenkriege. Literatur, Abhängigkeit, Manie. Übersetzt von Matt Hartman und Nikolaus Müller-Schöll. Frankfurt/Main: Fischer, 1994. Ich kann die Stelle nicht mehr finden.

65 Klaus Heinrich: Versuch über die Schwierigkeit nein zu sagen. Dort insbesondere das Kapitel: Die Schwierigkeit nein zu sagen als das Problem des Widerstandes in den Bewegungen der Selbstzerstörung. Frankfurt/Main, Basel: Stroemfeld/Roter Stern, 1985, Seite 147.

66 Hier ist der Beweis (http://www.tashian.com/multibabel/):
Original English Text:
amazing grace how sweet the sound
Translated to French:
grace étonnante comment doux le bruit
Translated back to English:
astonishing grace how soft noise
Translated to German:
erstaunliche Anmut wie weiche Geräusche
Translated back to English:
amazing beauty as yields noises
Translated to Italian:
bellezza stupefacente come rumori dei rendimenti
Translated back to English:
narcotic beauty like noises of the rendering
Translated to Portuguese:
a beleza narcotic gosta de ruídos de render
Translated back to English:
the beauty narcotic likes noises to relieve

67 Gilles Deleuze, Michel Foucault: Der Faden ist gerissen. Übersetzt von Walter Seitter und Ulrich Raulf. Berlin: Merve, 1977, Seite 51.

68 Avital Ronell: Drogenkriege. Literatur, Abhängigkeit, Manie. Übersetzt von Matt Hartman und Nikolaus Müller-Schöll. Frankfurt/Main: Fischer, 1994, Seite 80.

69 Sigmund Freud: Der Dichter und das Phantasieren. Studienausgabe. Band 10. Frankfurt/Main: Fischer, 1969, Seite 172.

70 So auch nachzulesen im kommenden Trostbuch (*Parmenides*) von Hendrik Jackson.

71 Frank O'Hara: Manifesto for Personism. »Aber du hast dich doch nicht deswegen verliebt, um einfach am Leben festzuhalten, also musst du deine Chancen ergreifen und versuchen, nicht logisch zu sein. Schmerz produziert immer Logik, was sehr schlecht für dich ist.« In Frank O'Hara: Why I am not a Painter, and other poems. Manchester: Carcanet Press, 1994, Seite 89.

72 Josephine Pryde: The Politics of Daydreaming. Ein lohnenswerter Vorsatz, für die Zwischenzeiten. Auch in anderen Lagen eine sehr voraussetzungsvolle Meditation.

Übersetzt von Britta Lange. In Texte zur Kunst, Dezember 2003, 13. Jahrgang, Heft 52, Seite 89.

73 Michel Foucault: Von der Freundschaft als Lebensweise, in Von der Freundschaft. Übersetzt von Marianne Karbe und Walter Seitter. Berlin: Merve, 1988, Seite 88.

74 Michail M. Bachtin: Problems of Dostoevskys's Poetics. Übersetzt von Caryl Emerson. Minneapolis: University of Minnesota Press, 1984, Seite 166.

75 Klaus Heinrich: Psychoanalyse. Dahlemer Vorlesungen. Band 7. Frankfurt/Main, Basel: Stroemfeld/Roter Stern, 2001, Seite 139.

76 Klaus Heinrich: Versuch über die Schwierigkeit nein zu sagen. Frankfurt/Main, Basel: Stroemfeld/Roter Stern, 1985, Seite 127.

77 W. R. Bion: Lernen durch Erfahrung. Übersetzt von Erika Krejci. Frankfurt/Main: Suhrkamp, 1992, Seite 138.

78 Frank O'Hara: Homosexuality, in Why I am Not a Painter, and other poems. Manchester: Carcanet Press, 2003, Seite 28.

79 Leonard Cohen: Paper-Thin Hotel, aus Leonard Cohen: Death of a Ladies' Man, 1977.

80 Klaus Heinrich: Versuch über die Schwierigkeit nein zu sagen. Frankfurt/Main, Basel: Stroemfeld/Roter Stern, 1984, Seite 77.

81 Platon: Symposion. Übersetzt von Friedrich Schleiermacher. Reinbek: Rowohlt 1957, 202 e.

82 Platon: Symposion. Übersetzt von Friedrich Schleiermacher. Reinbek: Rowohlt 1957, 203 d.

83 Platon: Symposion. Übersetzt von Friedrich Schleiermacher. Reinbek: Rowohlt 1957, 203 e.

84 Harold Bloom: Einfluss-Angst. Eine Theorie der Dichtung. Übersetzt von Angelika Schweikhart. Frankfurt/Main, Basel: Stroemfeld/Roter Stern, 1995, Seite 88f.

85 Robert Musil: Der Mann ohne Eigenschaften. Reinbek: Rowohlt, 1952, Seite 1421.

86 Stephan Geene: teampingpong-textproduktion aus dem Jahr 2003.

87 Roland Barthes: Fragmente einer Sprache der Liebe. Übersetzt von Hans-Horst Henschen. Frankfurt/Main: Suhrkamp, 1988, Seite 56.

88 Ivan Nagel: Autonomie und Gnade. München, Wien: Hanser, 1988, Seite 42.

89 Aus einem Gedicht von Daniil Charms, und ich weiß nicht mehr, wo es steht, und nicht mehr, wer es übersetzt hat. Es ist sehr, sehr schön, und es heißt: Der Wunsch nach süßem Vergnügen. Und so hört es auf (das weiß ich aus dem Kopf): »Und wieder nach süßem Vergnügen / bedrängt mich der brennende Wunsch. / Ich laufe fort, ich lauf die ganze Nacht, / bis sich der erste Sonnenstrahl erhebt. / Und in mir pfeift der Schlaf wie eine Peitsche, / des Denkens Wirbel heulen wie der Wind ... // Und dann, offenen Auges / begrüße ich den Morgen.«

90 Niklas Luhmann: Legitimation durch Verfahren. Frankfurt/Main: Suhrkamp, 1983, Seite 20ff.

91 Niklas Luhmann: Legitimation durch Verfahren. Frankfurt/Main: Suhrkamp, 1983, Seite 232.

92 Eintrag zu dem Begriff des »Ausbunds« aus dem Grimmschen Wörterbuch.

93 Ivan Nagel: Autonomie und Gnade. München, Wien: Hanser, 1988, Seite 41.

[94] Diese Einsicht verdanke ich Lorenz Wilkens.

[95] Dieses Zitat ist Teil meines großen *Kai Niemienen Projekts*, das darin besteht, ihn bekannter zu machen. Hier die Angaben zum Buch: Kai Nieminen: Serious Poems. Translated from the Finnish by Anselm Hollo. Published by Rain Taxi, Inc., a non-profit organization, PO Box 3840, Minneapolis, MN 55403. www.raintaxi.com

[96] »*I had not a dispute but a disquisition with Dilke on various subjects, several things dove-tailed in my mind, and at once it struck me what quality went to form a Man of Achievement, especially in Literature, and which Shakespeare possessed so enormously – I mean negative capability – that is, when a man is capable of being in uncertainties, mysteries, doubts, without any irritable reaching after fact and reason.*« John Keats, Letter to George & Thomas Keats, 21.12.1817. Zitiert nach W. R. Bion: Attention and Interpretation. London: Karnac, 1993, Seite 125. Siehe auch Rafael E. López-Corvo: The Dictionary of the Work of W. R. Bion. London, New York: Karnac, 2005, Seite 187f.

[97] »*The individual cannot help being a member of a group even if his membership of it consists in behaving in such a way as to give reality to the idea that he does not belong to a group at all. ... The individual is a group animal at war, not simply with the group, but with himself for being a group animal and with those aspects of his personality that constitute his ›groupishness.‹*« W. R. Bion: Experiences in Groups. London, New York: Routledge, 2000, Seite 131.

[98] Cord Riechelmann: Bestiarium. Der Zoo als Welt – Die Welt als Zoo. Frankfurt/Main: Eichborn, 2003, Seite 246.

[99] Max Weber: Wissenschaft als Beruf. Stuttgart: Reclam, 1995, Seite 44.

[100] Terry Eagleton: After Theory. London: Penguin Books, 2003, Seite 39. »*Because subjects like literature and art history have no obvious material pay-off, they tend to attract those who look askance at capitalist notions of utility. The idea of doing something purely for the delight of it has always rattled the grey-bearded guardians of the state.*« Dem folgt der oben zitierte Merksatz.

[101] Terry Eagleton: After Theory. London: Penguin Books, 2003, Seite 129.

[102] Robert Hass: Sunrise, in Praise. The American Poetry Series, New York: Ecco Press, 1979, Seite 6.

[103] Terry Eagleton: After Theory. London: Penguin Books, 2003, Seite 56.

[104] Wie es Ronnie Vuine auf http://www.struppig.de/vigilien/ so treffend formuliert hat.

[105] *Here today there's music still.*
Like an iceberg, some stories have broken away and float.
When you hear a sound here, waves reach your ears two seconds later
and you hear an echo, you hear it six or seven times or more.
I was thinking about you and saying I want to write to her,
composing the music for her sound films, building up shells at the bottom
of a warm, shallow sea, making paint, as old as mankind, successfully
knowing your city, guessing accurately where you've ridden,
through brightly colored flowers, deciding you've got a wing that
weighs less than itself, whose spirit could be used to stick parts of

airplanes together, making a light bell ring in each corner of the room.
This is a food like butter, marble cut from a quarry just when the rock was formed,
said to be visible, asking and receiving longer or shorter hours.
Nobody has ever really explained what time is, like the other day
I said to someone, »What is honey?«, years and months when
natural things happen regularly, a tiger pulling something too heavy
for a group of men. Time's the same in all situations. You've shown the rate
of time's passing changes with the speed you're traveling at. Look at
your bike, sailing toward Pariser Platz, thoughts joined in a criss-cross pattern,
a natural bridge, at some points the largest in the world, like giving a name
to a star. Where I am now? The dunes are constantly on the fly,
thrown into really long orbits. Sometimes each house
has its own kind of weather. The cliffs lean sunward. Iron is much
harder than bronze. It's odd, that a person might see only 25
to 50 other people. It sounds not that fun there,
but like a good time for an architect, and Emmy Lou Harris backvocals.
This means »upright woman«, or »upright man.« The voltage is reduced,
happily, before it reaches our homes. Some called Nebraska a desert.
There are huge fields of corn that roll on »for mile after mile«.
There are pieces of colored cloth, flames of candles.
Tonight, doors open and close, setting small bones vibrating in the middle ear.
Who knows, maybe we'll heat the air, as the gentle, well-meaning tramp
who is always making mistakes, who liked Cleopatra and helped her to become queen again.

(Poem by Donald Berger, beautifully using two lines not by himself but by Liza Johnson.) Erstveröffentlichung. Gedichte von Donald Berger erschienen unter dem Titel: Quality Hill. Povidence: Lost Roads Series, 1993.

106 Christine Hume: Abridging the Correspondence, in Musca Domestica. Boston: Barnard New Women Poets Series, 2000, Seite 56.

107 Maurice Blanchot: Erkenntnis des Unbekannten, in Das Unzerstörbare. Übersetzt von Hans-Joachim Metzger und Bernd Wilczek. München, Wien: Hanser, 1991, Seite 101.

108 Zitiert nach Birgit Kempker, Robert Kelly: Scham/Shame. Wien, Basel/Weil am Rhein: Urs Engeler Editor, 2004, Seite 183.

109 Antonio Negri: Rückkehr. Alphabet eines bewegten Lebens. Übersetzt von Thomas Atzert. Frankfurt/Main, New York: Campus, Seite 116f.

110 E. E. Cummings: being to timelessness as it's to time, in Selected Poems, 1923–1958. London: Faber & Faber, 1969, Seite 99.